EDITORA DO CONHECIMENTO

Auxiliando a humanidade a encontrar a Verdade

A Construção da Consciência

A Construção da Consciência

Ramatís

Todos os direitos desta edição reservados à
CONHECIMENTO EDITORIAL LTDA.
Rua Prof. Paulo Chaves, 276 – Vila Teixeira Marques
CEP 13480-970 – Limeira – SP
Fone/Fax: 19 3451-5440
www.edconhecimento.com.br
vendas@edconhecimento.com.br

Projeto gráfico: Sérgio Carvalho
Ilustração da capa: Banco de imagens

ISBN 978-65-5727-125-4
1ª Edição – 2022

• Impresso no Brasil • Presita en Brazilo
Produzido no departamento gráfico da

Conhecimento Editorial Ltda
grafica@edconhecimento.com.br

Impresso na
Primeira Leitura
a gráfica digital da **EDITORA DO CONHECIMENTO**

Dados Internacionais de Catalogação na Publicação (CIP)
Angélica Ilacqua CRB-8/7057

Ramatís (Espírito)
A Construção da Consciência / Ramatís, obra psicografada por Mariléa de Castro – Limeira, SP : Editora do Conhecimento, 2022.

132 p.

ISBN 978-65-5727-125-4

1. Espiritismo 2. Consciência 3. Conhecimento 4. Obras psicografadas I. Castro, Mariléa de II Título

22-1074 CDD – 133.93

Índices para catálogo sistemático:
1. Espiritismo 133.93

Ramatís

A Construção da Consciência

Obra mediúnica
psicografada por
Mariléa de Castro

1ª edição – 2022

EDITORA DO CONHECIMENTO

Obras de Ramatís editadas pela **EDITORA DO CONHECIMENTO**

HERCÍLIO MAES

- A Vida no Planeta Marte e os Discos Voadores – 1955
- Mensagens do Astral – 1956
- A Vida Além da Sepultura – 1957
- A Sobrevivência do Espírito – 1958
- Fisiologia da Alma – 1959
- Mediunismo – 1960
- Mediunidade de Cura – 1963
- O Sublime Peregrino – 1964
- Elucidações do Além – 1964
- Semeando e Colhendo – 1965
- A Missão do Espiritismo – 1967
- Magia de Redenção – 1967
- A Vida Humana e o Espírito Imortal – 1970
- O Evangelho à Luz do Cosmo – 1974
- Sob a Luz do Espiritismo (Obra póstuma) – 1999

SÁVIO MENDONÇA

- O Vale dos Espíritas – 2015
- Missão Planetária – 2016
- A Derradeira Chamada – 2017
- O Sentido da Vida – 2019
- Amor: Encontros, desencontros e Reencontros – 2020
- Mediunidade sem Preconceito – 2021

MARIA MARGARIDA LIGUORI

- Jornada de Luz
- O Homem e o Planeta Terra
- O Despertar da Consciência
- Em Busca da Luz Interior

MARILEA DE CASTRO

- A Construção da Consciência

OBRAS COLETÂNEAS:

- Ramatís uma Proposta de Luz
- Face a Face com Ramatís
- Um Jesus que Nunca Existiu
- Simplesmente Hercílio
- A Missão do Esperanto
- A Origem Oculta das Doenças
- O Objetivo Cósmico da Umbanda
- Do Átomo ao Arcanjo
- O Apocalipse
- Marte: O futuro da Terra
- O Além – Um guia de viagem
- Geografia do Mundo Astral
- O Homem Astral e Mental
- O Carma
- O Menino Jesus
- Homeopatia – A cura energética

Coletâneas de textos organizadas por SIDNEI CARVALHO:

- A Ascensão do Espírito de A a Z – Aprendendo com Ramatís
- Ciência Oculta de A a Z – O véu de Ísis
- Evangelho de A a Z – A caminho da angelitude
- Jesus de Nazaré – O avatar do amor
- Mecanismos Cósmicos de A a Z – O amor do Pai
- Mediunidade de A a Z – O portal da Luz
- Saúde e Alimentação de A a Z – O amor pelos animais
- Transição Planetária de A a Z – A chegada da Luz
- Universalismo de A a Z – Um só rebanho

Obs: A data após o título se refere à primeira edição.

Para Roger Feraudy, uma alma especial que clareou caminhos de muitos.

A doutrina hoje ensinada pelos espíritos nada tem de novo; seus fragmentos são encontrados na maior parte dos filósofos da Índia, do Egito e da Grécia, e se completam nos ensinos de Jesus Cristo.

Allan Kardec – *Que é o Espiritismo?*

Sumário

Apresentação

Ramatís veio de outro sistema solar a este planeta com a intenção de auxiliar na evolução da humanidade, integrado na missão planetária de Jesus, oriundo da mesma origem sideral.

Teve diversas encarnações. A velha Atlântida e o Antigo Egito. A Índia, a antiga Indochina, a Grécia e outros o viram pelos caminhos do mundo, sempre como um Mestre de discípulos, dedicado a acender as luzes do Conhecimento Eterno; uma estrela que atraiu para sua órbita, vida após vida, um extenso grupo de discípulos e seguidores.

Na Grécia, como Pitágoras, fundou a sua célebre escola e deixou ensinamentos que se perpetuaram por séculos, inspirando outros filósofos e buscadores da Verdade. À época de Jesus, era o filósofo judeu Philon de Alexandria, que foi à Palestina reencontrar o Mestre. Uns 2000 anos depois, entre os peles-vermelhas – iroqueses – da América do Norte, foi Haiawatha, que criou a Federação das Cinco Nações e plantou um ideal de fraternidade universal.

Estas três últimas encarnações foram registradas pela História, embora sem a fidelidade devida. Entre os teosofistas, é conhecido como Mestre Khutumi.

Em meados do século XX, Ramatís passou a ditar ao médium Hercílio Maes, de Curitiba, uma série de obras que o fizeram reconhecido e amado por seus velhos discípulos e seguidores. Alguns outros médiuns se seguiram depois.

Apesar da intolerância de alguns do *clero espírita*, com dificuldades de reconhecer a Sabedoria Eterna que brilhava em suas obras, sua mensagem se difundiu e inspirou uma quantidade sempre crescente de simpatizantes e de grupos que foram criados, Brasil afora e até no exterior, muitos levando seu nome. A difusão continuada de suas obras, espalhadas e lidas sem cessar, demonstra que a verdade sempre permanece, como o luar acima das águas revoltas e barrentas da incongruência humana.

Ramatís se dispôs a abrir, para as consciências mais sensíveis e buscadoras da Verdade, horizontes sempre maiores do Conhecimento Eterno. Novas e avançadas revelações, algumas já confirmadas pela ciência terrena, informações inéditas e sem paralelo na literatura espiritualista, novos degraus de percepção sobre o homem, o Cosmo, o processo evolutivo. Ele nunca compactuou com o *já sabido* – o que já foi dito, não necessita de repetição. Busca apontar para as consciências humanas que lhe são sintônicas novos patamares de compreensão da vida, entreabrindo janelas para a contemplação da profundeza da Verdade cósmica.

Ele sempre enfatiza que *não há duas verdades*: ela é uma só, e foi disseminada entre os vários povos e épocas de acordo com a capacidade de apreensão das criaturas. O maior acervo de conhecimentos sobre o homem e o Universo sempre se conservou no recesso dos templos iniciáticos – a Sabedoria Eterna, que teve que se conservar oculta, dado o precário nível de consciência das épocas passadas. Hoje, boa parte dela já foi *desocultada*, sobretudo a partir do século XIX, quando a teosofia, o espiritismo e a ioga se espalharam pelas mentes ocidentais.

O espiritismo, diz ele, foi o mais claro e racional projeto adequado às consciências ocidentais, capaz de veicular com simplicidade as grandes verdades essenciais, para tocar as grandes massas. Tem o grande diferencial de ter sido proposto por Kardec como uma filosofia EVOLUTIVA, que necessariamente acolheria as novas e sensatas revelações, já que, como disse o prof. Rivail, "nem tudo já foi dito, e a revelação prossegue ainda". Com isso, Ramatís, companheiro de sacerdócio de Kardec em mais de um templo do passado, tem se dedicado pacientemente a transmitir grande quota de progressivos conteúdos do Conhecimento Eterno para auxiliar espíritas, umbandistas e buscadores da verdade em geral a expandir a consciência no rumo do saber cósmico.

Curioso é notar que algumas das informações que trouxe já fazem parte há longo tempo, embora de forma resumida, de obras espíritas recebidas sobretudo por Chico Xavier,[1] mas que até hoje ainda passam ao largo dos estudos espíritas, como se houvesse uma miopia seletiva para determinados conteúdos que exigem reflexão e anseio de conhecer algo mais do funcionamento do Cosmo que as suaves informações sobre colônias astrais, que concentram as esperanças de habitação futura dos espíritas.

Neste pequeno volume, percebe-se que o objetivo do excelso Mestre é estender, basicamente aos espíritas e espiritualistas de mentes abertas e buscadores da verdade, informações essenciais sobre temas ditos "ocultos"– mas que já se encontram disponíveis na literatura oriental há milênios.

Alguns textos desta obra foram recebidos há muitos anos, mais de uma década, como "A construção da consciência" e os demais, enquanto uns poucos são recentes, dos últimos meses: "A trajetória da mônada", "O corpo mental", "Os grandes seres criadores". Daí o fato de que alguns temas e

[1] Assim é que Chico Xavier recebeu da própria mãe, orientada por Emmanuel, *Cartas de uma morta*, e do Irmão X, *Novas Mensagens* - as duas obras trazendo exatamente o mesmo teor de informações que Ramatís ditou a Hercílio Maes em *A Vida no planeta Marte*; André Luis falou sobre os Grandes Seres Criadores, até lembrando os termos Devas e Arcanjos (!), declarou a existência do corpo mental e deixou semeadas, ao longo de seu *Evolução em dois mundos*, pinceladas extraordinárias de grandes verdades – infelizmente não tendo merecido o interesse de serem estudadas e aprofundadas no meio espírita, ao que se sabe.

informações são retomados, embora em viés diverso. Quanto a "A sabedoria milenar e os corpos do homem", é texto mais de responsabilidade da própria médium (embora não sem ajuda do Invisível); daí levar o seu nome.

Um singelo compêndio elementar, onde velhas verdades, antigas como o mundo, são disponibilizadas em porções mínimas, palatáveis às mentes ocidentais. Quase como pílulas de conhecimento. A mente sideral de Ramatís, o seu nível de conhecimento cósmico, foram graduados pelo parco instrumento e a destinação, como um Amazonas tendo que fluir por um singelo fio d'água. Mas, sendo a água pura, alguns passantes poderá mesmo assim dessedentar...

Paz a todos os seres!

Mariléa de Castro

1
OCULTISMO E ESPIRITISMO
Não existem duas verdades

Estais prestes a ingressar em outro patamar evolutivo do vosso planeta. É necessário que a ampliação de vossa consciência coletiva acompanhe esse desdobramento. Está mais do que na hora de incorporar à vossa noção de processo evolutivo a dimensão cósmica, vos despregando em definitivo da concepção estreita a que vos acostumou a consciência medieval. É mister sacudir as algemas apequenadas das crenças tradicionais e arejar vossa concepção, assumindo em definitivo os horizontes expandidos que foram propostos desde os primórdios da revelação espírita, mas também incorporar as noções milenares que o Conhecimento Eterno deixou enfeixadas nas tradições orientais.

Não existem duas verdades. A escalada evolutiva é uma só, e independe totalmente dos rótulos, denominações e esquemas que lhe foram aplicados, para efeito de melhor compreensão humana.

O planeta Terra está próximo do ingresso na condição de mundo integrado a seus irmãos da galáxia. Prova disso é a visitação intencionalmente ostensiva que lhe vêm fazendo habitantes de outros orbes, os extraterrestres, como os denominais. Eles vêm procurando acostumar os terráqueos à sua presença, ainda que fortuita, preparando o momento em que deverão apresentar-se diretamente, como fraternos emissários de outros mundos. Não é por acaso que desde as décadas que marcaram o princípio da Transição Planetária, em meados do século passado, a presença dos *objetos voadores não identificados* se fez ostensiva e deliberada. Tudo isso sinaliza a abertura do planeta Terra para a amplitude sideral, para a comunhão com a fraternidade dos seres da galáxia.

Em consonância com essa realidade, é preciso ampliar os horizontes de vossas crenças. Não tem cabimento permanecerdes no cercado estreito de concepções ainda marcadas fortemente pelo sectarismo, a submissão a um sistema de organização doutrinária em que a autoridade de quem quer que seja vos determina o que deveis acreditar, pesquisar, ler ou admitir. Esse é o modelo medieval imposto pela Igreja desde seus primórdios, e que ainda vale para os fiéis submetidos à autoridade eclesiástica, temerosos de discordar da autoridade e do dogma, sistema que permite a continuidade da organização clerical.

O espiritismo foi trazido à humanidade como o abrir de uma janela por onde o ar fresco da independência mental pudesse varrer a poeira milenar dos dogmas, sacudir as algemas morais do "crê ou morre" vigente na Inquisição, e que se perpetuam, em outros termos, nas imposições férreas das Igrejas até o presente. Aos fiéis não é permitido questionar nenhum dos dogmas, sequer discutir as interpretações e os modelos seculares, já obsoletos, que explicam a existência e os fenômenos naturais de acordo com os modelos bíblicos literais – insistindo em manter visões do Universo análogas a pergaminhos já se desfazendo em pó, ao lado de computadores de última geração.

Necessário é que os espíritas não reproduzam, como tem acontecido, modelos autoritários e esterilizantes de vivenciar a crença espírita.

Kardec, ao enfeixar o ensino dos Espíritos e com ele delinear um conjunto de revelações a que denominou Doutrina Espírita, jamais teve em mente construir uma cidadela fechada, um "dogmatismo do século XIX", montar um curral estreito de crenças, limitadas ao que podia ser revelado naquele momento consciencial da humanidade. Jamais teve a intenção de substituir um império dogmático por outro, tornando a doutrina uma massa pétrea, limitada ferreamente a "o que Kardec disse ou não disse".

Ele mesmo, o professor Rivail, era espírito amadurecido pela passagem, ao longo dos séculos, pelas vivências nos círculos iniciáticos, desde a velha Atlântida, a Índia, o Egito e outros, até viver entre os sacerdotes druidas, herdeiros do conhecimento oculto milenar. Por isso pôde lidar com facilidade com os conceitos intemporais das Leis Eternas – a evolução, a reencarnação, a Lei do Carma, a comunicação com o mundo invisível, a mediunidade. Foi o primeiro a reconhecer e declarar que todos os conhecimentos espíritas não constituíam novidade, e já tinham sido expressos anteriormente pela filosofia oriental, pelos gregos etc. Podia, como iniciado que era, reconhecer as velhas verdades intemporais que lhe estavam sendo trazidas novamente por via das comunicações mediúnicas modernas.

E assim, espírito arejado e de alto quilate, postulou uma doutrina que, ao contrário de suas antecedentes, não fosse estática: fosse evolutiva. Essa foi a novidade absoluta da revelação espírita: ao contrário de todas as suas antecedentes, ela foi postulada por Kardec como uma doutrina EVOLUCIONANTE. O próprio Codificador a pretendeu assim, ao dizer que "a revelação é contínua".

Nunca pretendeu, o emérito professor Rivail, engessar o espiritismo nascente no dogmatismo – seria a antítese de seu pensamento progressista, de investigador permanente, de pesquisador destemido de todos os fenômenos e estudioso de todas as fontes sérias do conhecimento. Isso ele deixou bem claro ao postular uma doutrina em que as revelações sucessivas pudessem incorporar sempre, progressivamente, as conquistas da ciência e do conhecimento.

A última das coisas que Kardec pretenderia é a reprodução do espírito impositivo das velhas crenças, em que a autoridade de um clero possa dizer aos seguidores da doutrina o que "podem" ou "não podem" pesquisar ou crer, e muito menos – suprema contradição a tudo que foi Allan Kardec – aquilo que podem ou não podem ler e estudar.

As crenças tradicionais, que temem que o espírito de pesquisa e questionamento abale os dogmas e verdades pétreas estabelecidos, receiam permitir a seus prosélitos o livre exame de outras versões do Universo, das leis que regem a vida, dos fenômenos inquestionáveis que vicejam em torno deles e podem solapar o edifício secular de suas interpretações cimentadas no tempo.

As verdades eternas, essas, não temem o confronto com a realidade.

Por que o temeria a doutrina que veio exatamente para ensinar a humanidade a pensar por si mesma, a sacudir a coleira dos interesses antigos que a mantiveram na infância espiritual por tanto tempo?

Nenhuma tradição, nenhum fenômeno, nenhuma realidade poderá jamais confrontar a veracidade das Grandes Leis – a evolução, a reencarnação, o carma – redescobertas pelo espiritismo, porque se trata de verdades eternas, leis da natureza conhecidas desde os primórdios da humanidade pelos iniciados de todos os tempos e lugares. Tampouco a mediunidade, com toda a sua gama de fenômenos, a continuação da vida, a comunicação com os chamados mortos – tudo isso já gravado com abundância nos registros perenes de todas as civilizações do planeta, desde que o mundo é mundo. De igual forma a existência dos corpos internos do homem, a realidade dos centros chamados chacras, e toda a gama das realidades concernentes ao homem e ao Universo que tem sido chamada, ao longo das eras, de Conhecimento Oculto.

Oculto somente porque a humanidade ainda não tinha maturidade espiritual para recebê-lo à luz do dia. A partir da revelação espírita, o que já foi matéria de ensino a poucos estudiosos, no recesso dos templos, passou a ser acessível a quem quer que desejasse, em seus níveis básicos.

Mas nem tudo foi dito, porque não podia sê-lo, naquele momento de abertura da janela espírita para os horizontes infinitos da Sabedoria Eterna. Somente o *quantum* possível de ser assimilado à época, para constituir a base inicial da nova doutrina, sem desestruturar os espíritos com revelações demasiado ousadas e por isso inaceitáveis.

Mas a revelação é contínua, bem o intuiu e declarou sabiamente Kardec.

Desde então, e lentamente, novas informações e realidades foram incorporadas ao acervo da nova revelação. O que antes era o conceito impreciso de erraticidade foi aprofundado para incluir as notícias sobre o mundo do Além, com suas comunidades, construções, veículos, paisagens, animais, colônias com casas, escolas, templos, bibliotecas, anfiteatros...

Esse mesmo mundo de Além-túmulo se ajustou em sua geografia, mediante comunicações esclarecedoras que foram definindo a existência do Umbral, das trevas e charcos, dos vales purgatoriais, do Astral médio e superior, com características e habitantes peculiares à frequência vibratória de cada uma dessas faixas.

Além do plano astral, já foi identificada claramente a existência do plano mental, que lhe é consecutivo – desde o depoimento de André Luís, e por outros que o seguiram, através de médiuns sérios.

A existência de falanges organizadas das regiões sombrias, a serviço de líderes das sombras, atualmente inclusive dispondo de tecnologia avançada para promover processos obsessivos e vampirismo energético, já está amplamente difundida.

A realidade inquestionável dos veículos ou corpos internos do homem – o duplo-etérico, o corpo astral, o corpo mental – para só mencionar os já definitivamente assimilados pela consciência comum dos espiritualistas – com a respectiva rede de chacras – conhecimento, aliás, de que os antigos egípcios, por exemplo, já dispunham há milênios – tornou-se corrente.

A existência de órgãos e sistemas no corpo astral, facilmente compreensível quando se analisa o processo das cirurgias espirituais tão difundidas, hoje não desperta mais surpresa.

Todas essas realidades, e muitas outras, cuja divulgação seria impensável à época da Codificação, porque atrairiam para a doutrina nascente o repúdio e o sarcasmo das mentes ainda titubeantes no conhecimento da verdade, foram incorporadas gradualmente ao longo das décadas do século

XX e do atual. Médiuns sérios e conscientes – encabeçados por Chico Xavier, o devotado missionário – encarregaram-se de, malgrado a descrença dos homens, ir fazendo a Doutrina Espírita incorporar novos níveis desse Conhecimento Oculto milenar

É preciso lembrar que essas informações já eram patrimônio de várias correntes iniciáticas e de doutrinas orientais, milênios antes do espiritismo vir à luz.

2
O CONHECIMENTO INTEGRAL E AS ESCOLAS DE SABEDORIA

"Guerras de Palavras! Guerras de Palavras!..."
O Livro dos Espíritos

As pessoas têm medo de palavras. Se fosse só das coisas que elas representam...

Porém, como sabem todos os que trabalham com as ciências da palavra, elas podem perder ao longo do tempo o conceito original, se desencaixar dele como um corpo que cresceu mais que as roupas – e mesmo assim continuar a vestir, inadequadas como um adulto de calças curtas, as mesmas ideias.

Entre os diversos fatores que atuam nesse fenômeno, vejamos um só: a evolução do conhecimento. O entreabrir de janelas das ciências adicionou mundos novos de conceitos ao pensamento humano. Alguns criaram palavras para significar-se; outros se apropriaram de velhos figurinos e lhes deram novo sentido.

Há trezentos anos, "onda" era só o movimento das águas, quando muito uma onda de perfume ou de boatos...Depois do "abre-te sésamo" da física, um dos véus da matéria caiu, e "vemos" hoje uma infinidade de ondas eletromagnéticas – de calor, de som, infravermelhas, de rádio, de TV, ultravioletas, raios gama, raios-x, raios cósmicos...mensuráveis, utilizáveis e tão familiares, hoje, a qualquer estudante. O mundo oculto dos fenômenos da matéria radiante deixou de o ser, porque os olhos da mente se abriram para ele.

No passado, esse conhecimento do mundo – seja no plano material como dos adjacentes – tudo que é invisível aos olhos físicos, mas existe e atua com leis próprias, de seu próprio nível – era conservado nas academias de Conhecimento, que tiveram diversos nomes em muitas épocas e locais: escolas de sabedoria, templos iniciáticos, escolas de mistérios.

O que se estudava nelas?

Muito do que hoje se aprende nas escolas elementares e academias. A forma e o tamanho da Terra e dos astros e sua trajetória, a fisiologia e anatomia dos corpos, medicina (inclusive psicossomática), física e química (fenômenos de eletricidade, magnetismo, acústica etc., eram familiares), matemáticas, e – sim, realmente – o conhecimento das diversas radiações por sua aplicação prática na cura, etc; e naturalmente, e a *priori*, leitura e escrita, coisa alheia à maioria esmagadora das massas de todas as épocas.

Assim como nos mosteiros da Idade Média se conservou com exclusividade o conhecimento das letras e os textos antigos, totalmente alheios ao povo iletrado, as escolas de Sabedoria de todas as épocas e tradições eram as guardiãs de um conhecimento inacessível ao vulgo. Como falar da esfericidade da Terra a quem nunca tinha saído de sua aldeia, e ouvira sempre dizer que as estrelas eram luzinhas penduradas numa abóboda? Quem sabia que o sangue circulava em veias e artérias, que os rins filtravam as impurezas e que a salmoura atravessada por uma corrente elétrica se dividia em cloro e sódio? Os instrutores dessas escolas sabiam. Astrônomos, médicos, físicos e químicos, matemáticos, arquitetos...

Os conhecimentos que possuíam, e a sua aplicação, seriam considerados miraculosos, mágicos, aos não detentores deles.

A diferença dessas escolas de sabedoria para a universidade atual é que os conhecimentos ali não se detinham no limiar do mundo visível para os olhos nem do nível físico da matéria. Não apenas eletricidade, magnetismo, ondas, radiações; sem estabelecer limites ao conhecimento, trabalhavam com eficiência no âmbito dos fenômenos hoje rotulados de paranormais, e conheciam a constituição interna dos mundos invisíveis e do ser humano. Portanto, podiam atuar na essência dos fenômenos, e não apenas em sua expressão última, visível.

As grandes leis universais da evolução, da reencarnação e do carma (e da sobrevivência, claro), a comunicação com os desencarnados e sua atuação sobre a matéria; os corpos internos do ser humano, com sua complexidade energética; a vida nos planos invisíveis; o poder criador da mente sobre a matéria de todos os planos – tudo isso poderia ser ensinado ao homem comum daquelas épocas de limitada mentalidade e pobre de informações, encapsulado na crendice ingênua e na ética geralmente rude?

Daí a seleção cuidadosa e o acompanhamento rigoroso dos candidatos a aprendizes dessas escolas. Nos níveis primeiros – dos quais muitos não passavam – se oferecia um currículo básico, um curso elementar com várias matérias, que principiava muitas vezes com a alfabetização (só ela, um salto gigantesco). Daí até os níveis superiores, anos de estudo, de testes, de avaliação integral... Só aos que provassem, além de intelecto, sensibilidade espiritual, caráter e confiabilidade, se daria ingresso nos níveis superiores.

O que se aprendia nestes?

Noções aprofundadas sobre o mundo invisível (boa parte das quais é acessível, hoje, ao leitor comum de obras espiritualistas e espíritas); medicina avançada (incluindo o uso de magnetismo, hipnose, vidência e aplicações energéticas (passes), cromoterapia, radiestesia e musicoterapia – tudo que hoje se pode conhecer e aplicar, talvez com maior eficiência então. Numa "especialização" avançada, a teoria e a prática da atuação da mente sobre a matéria.

Esta é uma disciplina peculiar. Um exemplo da atuação dessas leis – que hoje denominaríamos, com toda a propriedade, de física transcendental – é a passagem da matéria para estados de energia bem "altos", na frequência vibratória de outro plano, e/ou, num sentido inverso, a "descida" da energia para o nível da matéria visível. Isso está sendo feito hoje, à luz do dia, nos casos de materializações de espíritos, de objetos, de instrumentos cirúrgicos e substâncias diversas em cirurgias espirituais; em todos os casos de projeção de corpos astrais de moribundos ou vivos que se tornam tangíveis; de transporte de objetos, flores etc., em sessões de materialização; nos fenômenos antigos das mesas girantes, de espíritos batedores etc.

Esses e diversos outros fenômenos de física transcendental (um dia serão apenas leis físicas) eram operados desde a mais remota antiguidade pelos *experts* em física transcendente. Apenas, ela se chamava, à época, magia, e seus conhecedores, magos. Naqueles tempos, os bruxos dos laboratórios de hoje seriam vistos como ainda mais estranhos (E alguns usos dessas leis "ocultas", como a desintegração atômica dos corpos de outros seres humanos, infinitamente mais assustadores).

Hoje, a física "oficial" (o nome adequado não seria física do plano material?) está à beira da descoberta desse capítulo mais avançado das Leis Universais. Por exemplo, o teletransporte de partículas materiais já ocorreu em laboratório.[1] Daí para o de corpos, é somente uma questão de tempo. Outro pequeno véu dos segredos do Cosmo (aliás, poeticamente chamado de "véu de Ísis" pelos antigos) que se ergue.

Além disso, já se comprovou em laboratórios acadêmicos de parapsicologia (J. B. Rhine na Universidade de Duke) a evidência indiscutível da telepatia e da... premonição, um pequeno e atraente fenômeno que alguns físicos transcendentais de outrora manejavam bem. Os militares de grandes potências de hoje sabem bem das possibilidades de uso dessas divertidas leis de manipulação da matéria, e já utilizaram sensitivos para vários objetivos explicitamente bélicos.[2]

Os astrofísicos já postularam a existência da chamada (para eles) "matéria escura", que constituiria cerca de 78% da matéria total do Universo. Ninguém (deles) a viu, mas sabe-se que, para o Universo funcionar como funciona, ela deve existir em algum lugar. Os físicos transcendentais a conheciam desde sempre, e operavam com ela interessantes experimentos que

---

[1] *O Livro das Revelações*, Eduardo Castor Borgonovi, Alegro, 2000.

[2] Vide a obra *Experiências Psíquicas além da Cortina de Ferro, de* Sheila Ostrander e Lynn Schroeder, Ed. Cultrix.

os não-conhecedores (ou não iniciados) rotulavam de efeitos mágicos. Hoje costumamos denominar essa "matéria escura" de matéria etérica, astral, de outras dimensões do plano físico etc. Como vemos, os físicos de hoje estão quase alcançando o nível de seus colegas do passado (os grandes magos).

Aliás, o espiritismo popularizou uma coleção de fenômenos mágicos – ou de física transcendental – como os de materializações, transporte, cirurgias no campo etérico e astral, cura magnética, passes e fluidificação da água, telepatia (sobretudo entre encarnados e desencarnados), escrita direta, vidência etc. Nada há de estranho ou impraticável neles. Mas se hoje homens esclarecidos e supostamente dotados de espírito científico ainda torcem o nariz e se recusam a estudá-los, o que poderiam os antigos magos – aliás, físicos transcendentais – diante do homem comum, cego dos dois olhos para essa ordem de conhecimentos, supersticioso e crédulo (ou, como o de hoje, tolamente incrédulo)? Poder-se-ia vulgarizar informações de nível superior a quem sequer tinha as básicas?

Ou, o que seria pior, como facultar a posse de tais poderes sobre a matéria e os corpos a criaturas sem ética nem sensibilidade espiritual? Aí estão Hiroshima e Nagasaki a demonstrar o que pode acontecer. Aí está a tecnologia dos líderes das Sombras atuando sobre os encarnados incautos com variado repertório de influências energéticas obsessivas e degradantes.

A solução foi ocultar esses conhecimentos dos não-preparados (99% da humanidade de então), até que, aspirando à sua posse, se credenciassem para tal. E então, o Conhecimento – todo esse conhecimento amplo e profundo de áreas diversas –, virou Conhecimento Oculto.

Nos tempos modernos, o seu estudo foi apelidado de ocultismo. E, também como vimos, o espiritismo já se encarregou de desocultar uma parte considerável dele. A humanidade evoluiu, a mentalidade ampliou-se, e estamos avançando para o Conhecimento Integral, sem adjetivos nem limites entre os vários estados da matéria/da energia. Que aliás, um grande mago ou físico transcendental recente já redescobriu e declarou serem a mesma coisa – a primeira sendo a outra "condensada ou congelada". Há quanto tempo se ensinava isso, nas turmas de Física Transcendental dos velhos templos...

E não se pode esquecer, na produção de certos fenômenos ditos ocultos, de determinados colaboradores dos velhos físicos transcendentais: os imprescindíveis auxiliares peritos em manipular energias da natureza, essenciais à produção de determinados fenômenos. Em algumas obras espíritas se menciona mais de uma vez a assessoria deles, catalogando-os como "colaboradores do mundo vegetal", para não assustar as mentes assustáveis. Talvez a denominação tecnicamente correta para eles fosse "espíritos em trânsito para a condição humana que evoluem trabalhando nos reinos da natureza". Para simplificar, têm sido chamados de espíritos da natureza. Outro apelido antigo é "elementais". Colaboradores muito eficientes de quem sabe lidar com eles (como os físicos transcendentais), permitem produzir muitas e interessantes reações de acordo com as leis da Física Ainda Desconhecida. Videntes de todas as épocas e lugares os têm descrito, sempre de forma idêntica. Assim que adquirirem credibilidade dos cientistas em geral, a manipulação das forças da natureza será de uma eficiência a toda prova (as condições para isso, entretanto, são inicialmente morais, e só depois técnicas).

Em suma, pois, é de se lamentar que tão lentamente os magos de hoje, de jaleco branco (os de outrora também os usavam, apenas em modelos mais longos, como túnicas e mantos) estejam se apropriando do acervo dos velhos colegas e desocultando das dobras do tempo o Conhecimento Oculto – na realidade, o Conhecimento Científico Integral mais avançado, que as sábias mentes dos Instrutores da humanidade nos legaram desde incontáveis milênios.

Em vez de "esotérico" ou "oculto", podíamos usar "conhecimento de nível superior da constituição do Universo e dos seres, acessível só a estudiosos credenciados". Apenas é um pouco incômodo de utilizar. Um dia, em futuro não tão longínquo, há de ser apenas Conhecimento Integral.

Mas o temor das palavras permanece.

Ocultismo e magia são termos antipatizados – porque desconhecidos – por uma parte dos adeptos de doutrinas reencarnacionistas, do espiritismo sobretudo.

Quem sabe, se passássemos a chamar a magia só de física transcendental, e os magos de físicos transcendentais ou FTs, as coisas melhorassem? E pelo menos os espíritas, que lidam a toda hora com esses fenômenos mágicos, não se arrepiassem ou torcessem o nariz com desdém, quase asco (o desdém do que não sabe, não quer saber e tem horror do que sabe), diante, não de realidades, mas de palavras cujo verdadeiro sentido lhes escapa...[3]

[3] Os poetas conseguem ser concisos para as grandes verdades. Disse um deles, sobre o poder das palavras para amansar coisas assustadoras: "No dia em que chamares a um dragão de Joli, o dragão te seguirá por toda parte como um cachorrinho" – Mario Quintana. (N. da médium)

3
A SENDA DA SABEDORIA

PERGUNTA: - Costuma-se falar, nos textos espiritualistas e esotéricos, na Senda da Sabedoria. Dá-nos a impressão de ser algo secreto, inacessível ao homem comum, quase como um privilégio. Em que consiste ela, realmente?

RESPOSTA: – A chamada Senda da Sabedoria, ou simplesmente a Senda, nos textos antigos e modernos de espiritualismo e esotéricos, não constitui algo de misterioso e secreto. Não mais, pelo menos, já que a mentalidade do homem contemporâneo atingiu o nível em que se pode tratar à luz do dia de inúmeros temas que outrora requeriam o silêncio do interior dos templos iniciáticos, com sanções severas para aqueles que ousassem repetir aos profanos qualquer parte dos ensinamentos ocultos.

Hoje, graças à caminhada da consciência coletiva, encontra-se, na literatura disponível a qualquer interessado, grande quantidade de informações antes vedadas ao povo em geral – porque não tinha condições de admiti-las, sequer de compreendê-las.

Hoje, as três Grandes Leis – a Lei da Evolução, a Lei do Carma e a Lei da Reencarnação, em seus aspectos básicos, já estão assimiladas por grandes contingentes da humanidade, mesmo no Ocidente.

Quem as entende, tem condições de compreender em que consiste a Senda.

PERGUNTA: - E em que consiste ela, exatamente?

RESPOSTA: – Se entendermos que a Lei Cósmica tem como princípio básico a evolução de todas as consciências, sendo o caminho evolutivo o mesmo para todos (pouco importando o tempo e os percalços), podemos concluir que existe um caminho comum a todas as centelhas de vida, levando da inconsciência à Consciência Cósmica. Esse é o trajeto comum a todas as humanidades (depois de atravessar, naturalmente, os estágios insipientes dos reinos anteriores da natureza). Da sombra da inconsciência e da animalidade para a luz, através da transformação interior, que já recebeu inúmeros cognomes: a busca do Cristo Interno, a jornada para a luz, a busca do divino, o retorno à casa do Pai, a busca da iluminação etc. O instrumento, que é como o cajado para o peregrino, chama-se, entre outras denominações, reforma íntima ou novo nascimento. É o refundir dos padrões antigos do automatismo animal, sedimentados na consciência, em direção ao modelo do anjo ou espírito liberto da forma, que é o futuro de todas as humanidades.

Esse processo é demorado, podendo levar milhares de milênios, desde o alvorecer da mentalidade na sombra da caverna.

O caminho é o mesmo para todos. Mas pode ser percorrido em velocidades diversas. E existe um atalho, não de qualidade, mas de velocidade, que pode ser tomado pelos que livremente o desejarem. Consiste em abreviar o tempo de aquisição da consciência superior – e portanto, do sofrimento e da libertação –, mediante um esforço específico e pela ação da vontade. Tal é o que se conhece por Senda da Sabedoria.

PERGUNTA: - E como podem se credenciar as criaturas a entrar na Senda?

RESPOSTA: – Os que anseiam intensamente pela Verdade fatalmente acabarão deparando com ela. E depois de assimilarem os seus postulados básicos, e efetuarem por si próprios os esforços iniciais de transformação, serão auxiliados, se para isso manifestarem concretamente uma vontade, a ingressar nesse "atalho evolutivo" que consiste em abreviar o tempo de caminhada – efetuar em alguns séculos o que o restante da humanidade levará milênios para atingir. A isso se denomina "colocar os pés na Senda da Sabedoria". Trata-

-se de uma aceleração do trajeto coletivo, nada mais.

PERGUNTA: - Há um momento ou estágio específico na evolução da criatura que demarca o seu ingresso na Senda? Ele se faz de uma só vez?

RESPOSTA: – Há vários estágios evolutivos para isso. Inicialmente, aquele em que a criatura é um aspirante – quando precisa fazer o esforço de adiantar-se, ou reformar-se interiormente, em níveis básicos. Muito mais tarde (séculos, por exemplo), ela passa à condição de discípulo de um instrutor que o toma sob sua supervisão (isso acontece exclusivamente no plano interno, não há quase nada ostensivo e muito menos público).

A partir daí, ela – que já demonstrou aplicação suficiente às lições interiores – será auxiliada, quando fizer jus, a atingir etapas gradualmente mais altas de consciência e conhecimento. A aquisição delas tem sido chamada desde sempre de iniciação – pois as coisas precisam ter um nome. Essa é a trajetória da Senda da Sabedoria. Progresso interior balizado por níveis evolutivos ou iniciações.

PERGUNTA: - Então pode-se dizer que toda a humanidade, um dia, haverá de percorrer a mesma Senda?

RESPOSTA: – A Senda da Sabedoria ou do Discipulado permite à criatura percorrer em um tempo muito menor o caminho que a massa humana levará milhares de milênios para palmilhar. Uma vez que o caminho evolutivo é o mesmo para todos, pois no Cosmo não existem privilégios ou exceções, todos um dia haverão de adquirir os níveis de consciência e os atributos internos que demarcam as etapas da Senda do Discipulado. A perfeição interna inerente às centelhas de vida é a mesma em todos, e o "desvelamento" dela é direito inalienável de todos os filhos do Grande Ser, razão pela qual todos, um dia, chegarão às mesmas aquisições conscienciais. Mas o discípulo é aquele que não se contenta em ficar palmilhando às cegas o caminho evolutivo, ou sentado à beira dele em longo repouso, enquanto sua alma anseia pela libertação, e traduz isso em vaga insatisfação ou tédio existencial.

PERGUNTA: - E onde levam as conquistas sucessivas des-

sas etapas da Senda?

RESPOSTA: – Depois da quinta etapa, ou quinta iniciação, em que a sabedoria e o amor transformaram a consciência em límpido espelho onde se reflete a perfeição e beleza do Espírito Imortal ou Ser Interno ou Eu Divino, a criatura, espírito liberto da roda das encarnações, passa a integrar o conjunto dos que chegaram antes dela, e participam da hierarquia que auxilia a conduzir os destinos do mundo, que se costuma denominar de Grande Fraternidade Branca. Nesse estágio, atinge o grau de Mestre. É o espírito liberto, o instrutor de homens e de coletividades. (Depois desse grau, seguem-se outros ainda mais elevados, mas não vamos tratar deles).

PERGUNTA: - Com alguma frequência, vemos pessoas que se intitulam Mestres, e utilizando vários recursos, prometem conceder a iniciação a seus seguidores. Poderia a iniciação ser concedida dessa forma?

RESPOSTA: – A denominação de Mestre, aplicada no sentido espiritual, é algo de muito belo e sagrado, e nunca deveria esse termo ser empregado levianamente, muito menos por pessoas que assim se autointitulam para atrair incautos seduzidos pelo brilho fácil de uma pseudoiniciação. Sempre que deparardes com alguém que diga ser "mestre" de qualquer tipo, de uma coisa podeis estar certos: não o é. O verdadeiro Mestre jamais será sinalizado no mundo externo; se acaso estiver encarnado em missão no plano da matéria, jamais se atribuirá essa condição.

Aqui vale o aforismo milenar que se referiu sempre à iniciação e seus mistérios: "Os que sabem, não falam; os que falam, não sabem".

PERGUNTA: - A condição ou grau de Mestre parece algo estranho aos sistemas ocidentais de crença, como por exemplo o espiritismo, razão por que às vezes esse conceito é visto com desconfiança por adeptos da doutrina, sobretudo os que não possuem leitura dos textos orientais ou esotéricos.

RESPOSTA: – É um termo técnico, por assim dizer, e não tem nada de misterioso ou estranho. Define uma etapa ou nível, assim como os de mestrado ou doutorado acadêmicos, no mundo, sinalizam aqueles que conquistaram etapas de conhecimento intelectual. É claro que os conhecimentos, métodos e técnicas para a aquisição da maestria espiritual não são meramente intelectuais; e esses sim, requerem o sigilo próprio dos planos internos onde se realizam.

Podeis intitulá-los de Seres Superiores ou Espíritos Libertos, tanto faz; o que importa é a natureza de sua condição.

Deveis saber que muitos desses Mestres, que são simplesmente irmãos mais velhos da humanidade, costumam inspirar ou fazer-se presentes em reuniões e trabalhos de variadas instituições religiosas do mundo. Se pudésseis identificá-los, os veríeis por vezes travestidos de guias espirituais em sessões espíritas, ou ocultos nas "vestes espirituais" dos pais-velhos da umbanda, assim como inspirando reuniões das mais diversas crenças do planeta, sem que seus adeptos se deem sequer conta.

PERGUNTA: - Onde são realizadas as iniciações? O discípulo é conduzido a algum templo ou local específico? E como se pode saber quando ele está pronto para mudar de etapa ou receber uma iniciação?

RESPOSTA: – As iniciações se passam sempre unicamente nos mundos internos, e constituem o fechamento de um ciclo, de uma etapa de expansão de consciência do discípulo. Somente os Mestres sabem o momento em que ele está pronto para tal.

Sabemos que é pelo exame dos corpos internos da criatura, das cores e vibrações que ostentam, inclusive o estado dos respectivos chacras, que os Mestres avaliam o estágio de progresso do discípulo na Senda.[4] Assim, podem, a qualquer momento, saber o patamar em que se encontra, as qualidades que ainda necessita adquirir, os entraves que ainda se apresentam a seu progresso, e programar as lições apropriadas a este.

PERGUNTA: - Há algum indício exterior que nos permitiria identificar o discípulo que já "colocou os pés na Senda", ou aqueles que receberam esta ou aquela iniciação?

RESPOSTA: – Nenhum sinal exterior ostensivo jamais

[4] Nas obras *Formas de Pensamento*, de C. V. Leadbeater e Annie Besant, e *O Homem Visível e Invisível*, de C. V. Leadbeater, **EDITORA DO CONHECIMENTO**, há informações a esse respeito (N. da médium).

será encontrado para tal, sob a forma de símbolos, formas, declarações ou quaisquer insinuações, mesmo sutis, por parte do iniciado de qualquer grau. Ele transitará no meio da humanidade como uma pessoa comum, em condições semelhantes às de seus concidadãos. Não buscará qualquer privilégio ou honraria. Aliás, se caracterizará pela singeleza e a modéstia verdadeira. Não se arrogará conhecimentos ou evolução.

A única condição que os poderá diferenciar da massa humana é a atitude de permanente amor e compaixão para com os demais seres, a adesão incondicional aos postulados da Lei Cósmica, a compreensão que demonstram diante dos reveses da existência, pois dentro da alma já conservam, como aquisição definitiva, frações cada vez maiores do Conhecimento Superior. Isso se traduz, então, em uma atitude de profunda serenidade diante do sofrimento, de respeito à lei da fraternidade, de desapego natural aos bens que "as traças roem e a ferrugem consome", estando sempre prontos a dispor deles ou abandoná-los pelo semelhante. Nunca os vereis revoltados ou insubmissos diante da ação da Lei Cósmica, que aprenderam a reverenciar como regente do funcionamento do Universo. Também se dedicam, discretamente e sem comentários, ao próprio aprimoramento interior, estudando e praticando as técnicas preconizadas pelas correntes espirituais sérias e, nos graus mais adiantados, pelo próprio Mestre que os instrui.

O discípulo avançado é aquele capaz de, no dizer de Jesus, "caminhar a segunda milha" e "ceder a túnica ao que lhe pedir o manto". É o que não deseja impor-se ou ter razão sobre o semelhante, tampouco disputa as distinções fugazes do mundo da matéria; sua presença, até em silêncio ou com o mero sorriso, é sempre fator de harmonia e bem-estar para os semelhantes; é um irradiador de paz, um oásis de conforto com a palavra amiga e a ação reta e generosa. É um catalisador do que de melhor tenham as criaturas.

Ele seria o último a ornar-se com o título de "discípulo". Nunca se julgará melhor do que ninguém, pois sabe da igualdade essencial de todas as centelhas de vida do Universo. Não descansará sobre os progressos interiores alcançados, pois estará sempre preocupado com os que lhe falta adquirir.

4
UM PASSO NA DIREÇÃO DA SENDA

PERGUNTA: - Por que algumas pessoas parecem aceitar com tanta tranquilidade as mais espinhosas experiências, sem jamais maldizer da Divindade ou queixar-se de estarem sendo "injustiçadas" pelo destino?

RESPOSTA: – Depois de muitas vidas, em que a criatura transitou pelas mais diversas condições e adquiriu conhecimentos e vivências relativos à Lei Cósmica, que se entranharam em sua alma com a profundidade da experiência, ela sedimenta dentro de si uma etapa ou condição interna que se poderia traduzir como o reconhecimento da Lei Eterna.

Ela não necessita mais que lhe digam que tal ou qual acontecimento inevitável é justo e necessário: ela sabe, sem sombra de qualquer dúvida, que assim é. E sabe não apenas porque assim ouviu na presente existência, mas porque já internalizou essa certeza ao longo de muitas vidas. Nada do que passar ou lhe disserem pode alterar isso.

PERGUNTA: - Não se poderia entender como um conformismo exagerado, essa submissão incondicional aos rigores do destino?

RESPOSTA: – Não se trata de conformismo, mas de sabedoria. Aquele que conhece a Lei, verdadeiramente, sabe que é impossível o desvio de um só milímetro na sua justiça impecável, e ainda mais, regida pelo amor cósmico. Trata-se, por assim, dizer de bom-senso espiritual, pois aquele que tem noção de como opera a Lei, sabe que ela não só jamais se engana, como também opera sempre e inevitavelmente em favor e para o maior benefício de todos os seres criados.

Aquele que sabe que a água só ferve a 100 graus, não é conformista quando não se impacienta antes que ela atinja essa condição, se necessita de água fervente. E quem sabe que a água molha, não irá perder energia protestando pelas roupas encharcadas se esqueceu o guarda-chuva e se atirou, afoito, na chuva torrencial. São leis da natureza das quais só o insensato protestaria.

PERGUNTA: - Mas as leis da natureza física são de conhecimento comum. Como manter a impassibilidade, porém, quando se trata de intervenções de forças do destino que se abatem provocando intenso sofrimento, nosso ou alheio, aparentemente discricionário, ou descabido, já que não podemos conhecer-lhe as razões?

RESPOSTA: – As mesmas leis operam no Universo, seja em que plano for, com princípios análogos. Por isso formulou a sabedoria de Hermes Trimegisto que "O que está em cima é como o que está em baixo". Portanto, se passarmos por um canteiro de terra molhada, é inevitável concluirmos que alguém o andou regando, ou que choveu ali; ninguém hesitará em atribuir ao efeito a causa respectiva, da forma mais natural.

Da mesma maneira, se encontramos alguém com a mão queimada, é óbvio concluirmos que a pessoa a expôs à ação de um elemento comburente, seja o fogo, o sol excessivo ou um agente ácido. Ninguém pensará em atribuir a lesão e o consequente sofrimento ao fato de ter a pessoa colhido rosas, ou que inexplicável e injustamente a lesão dermatológica se tenha instalado por encanto, do nada.

Por que seria diferente quando os acontecimentos dolorosos, aparentemente "injustos", requerem a compreensão de sua origem na correlação da causa com o efeito, que rege estritamente todo o Universo manifestado? Qualquer desvio, mínimo que fosse, na perfeição impecável dessa lei natural, significaria o desmantelamento da estrutura cósmica, pois estaria configurando a falha na Lei, o que é inconcebível.

PERGUNTA: - Por que a atuação dessa Lei é inquestionavelmente justa ou perfeita? Ela é ditada por um tribunal celeste, é a vontade de Deus?

RESPOSTA: – Seria mais adequado dizer que a Lei é a própria fisiologia do Universo. Assim como o corpo físico é regido por princípios imutáveis que permitem a sua existência e funcionamento automático, sem que precise intervir qualquer vontade exterior para determinar-lhe os processos, as ações e reações em todos os planos obedecem a princípios imutáveis que disciplinam todos os fenômenos possíveis e imagináveis, inclusive aqueles que ainda não podeis sequer conhecer ou conceber.

Portanto, a Lei é impecável e imutável em seus princípios, e compreender isso é entender que não há a menor possibilidade de engano ou injustiça dentro do Cosmo.

Pelo fato de ainda desconhecerdes as causas de um efeito, ou relutardes em aceitar o óbvio, isso não significa que a Lei possa ter falhado, e sim que está falhando o vosso bom-senso ou capacidade de admitir que à colheita de uma laranja azeda antecedeu o plantio de uma laranjeira ácida, e não de espécie doce.

PERGUNTA: - Sabemos que "a semeadura é livre, mas a colheita obrigatória". Entretanto, quando a dor nos bate à porta, de forma avassaladora, sobretudo quando se trata do sofrimento de criaturas bondosas, dóceis e generosas, não é natural que as criaturas vacilem e se perguntem, ainda que no fundo da alma, se o rigorismo da Lei não estará sendo demasiado?

RESPOSTA: – Se a própria lei humana reconhece atenuantes, aceita penas alternativas, admite regimes menos rigorosos à medida que o condenado cumpre a pena, não seria uma Lei de Amor Cósmica que falharia em atuar sempre no benefício possível do desviante dela.

A Lei não é de olho por olho e dente por dente. Se assim fora, a criatura que foi responsável pelo massacre de muitos milhares de criaturas, como efetivamente ocorreu diretamente pelas mãos das hordas bárbaras, por exemplo, ou nos mandantes de genocídios, teria que sofrer milhares de mortes semelhantes até equilibrar a balança da Justiça Eterna. Mas tal não acontece.

PERGUNTA: - E por que não acontece assim?

RESPOSTA: – Porque a Lei não é, como os vossos códigos humanos, punitiva. Não visa ao castigo de quem quer que seja. Não é um carrasco implacável condenando criaturas à maior pena possível. É a mestra sábia e generosa, que só exige do aluno a repetição das lições até que as tenha por bem aprendidas, definitiva e efetivamente.

PERGUNTA: - Mas quando se trata de sofrimentos atrozes de pessoas já sabidamente bondosas, fraternas e de atitudes invariavelmente benéficas ao semelhante, que proveito resulta daí? A Lei não deveria, então, dar-se por satisfeita com a aquisição desse nível de bondade e equilíbrio, já não estaria sabida a lição? Não estaria configurada a ação do "olho por olho e dente por dente"? Qual a utilidade desse sofrimento, se a criatura aparentemente já saldou as contas com a Lei?

RESPOSTA: – Aparentemente, dizeis bem. Mas podeis sempre ter a certeza de que, sob a veste física da criatura bondosa e fraterna, quando afloram cruciantes dores físicas ou morais, jazem em sua intimidade espiritual as energias malsãs que ela produziu em existências anteriores. Do nada, nada se tira. Se um corpo físico passa a apresentar os efeitos pungentes de enfermidades aparentemente "descabidas", é forçoso concluir que são a expressão exterior de uma condição energética degradada que a pessoa trazia, ainda que oculta, como um quisto energético encastelado em seus corpos astral e mental. O corpo físico funciona como a estação derradeira, o fio-terra que conduz essa energia à reciclagem.

Somos responsáveis por toda a utilização da energia universal que é processada por nossos pensamentos e sentimentos – os quais, sendo ações, mentais ou emocionais, necessitam naturalmente de energia para existir. Toda ação requer uma quota de energia, seja o levantar de um braço, a implosão de um edifício, a formulação de um pensamento ou a vibração de um sentimento.

De acordo com o teor vibratório dela, no que tange aos pensamentos e emoções, será o "resíduo" que ficará ou o *quantum* de energia que deveremos administrar, dentro de nossos corpos invisíveis.

Quanto aos sofrimentos morais, é inquestionável que a própria consciência da criatura os programou com antecedência pré-reencarnatória, junto com os Maiores, especialistas em carma (Mestres Cármicos). Trata-se de lições intensivas que a sua própria consciência requer, tenha a criatura consciência disso atualmente ou não, para reconciliar-se consigo mesma ou aprender em definitivo lições pendentes de seu currículo espiritual, muito comumente padrões repetitivos de outras existências, em que a criatura tem sido contumaz em recair. Grandes provas morais em geral configuram, quando bem atravessadas, a "aprovação" final em testes interiores importantes.[5]

PERGUNTA: - Mesmo quando essa movimentação da energia ocorreu em remoto passado, ela permanece armazenada em nossos corpos internos?

RESPOSTA: – Sim, pois a energia é indestrutível. Ela pode ser alterada em sua frequência vibratória, mas não extinta.

É pela misericórdia da Lei, administrada quanto às encarnações humanas pelos seres que se costuma denominar de Mestres Cármicos, responsáveis pelo planejamento das reencarnações, que muitas vezes um *quantum* energético degradado fica, por assim dizer, "congelado" na intimidade dos veículos internos, para ser expurgado somente quando a criatura tiver adquirido condições morais de suportá-lo sem fraquejar, buscando, por exemplo, a fuga da dor através do suicídio. E também quando, por já ter adquirido a compreensão sadia da Lei, isso lhe serve de conforto e retira o componente de rebeldia que costuma amargurar os inconformados e lhes acentua o sofrimento. Tudo isso configura a misericórdia que tempera a justiça da Lei.

[5] Lembrou-nos o caso, relatado por uma pessoa conhecida, a quem a Espiritualidade revelou que tinha sido, em diversas encarnações, contumaz em sair da vida pelas portas do suicídio, algumas vezes por separação do amor de sua vida. Nesta, foi obrigada, bem cedo, a passar pela mesma prova, a que resistiu com serenidade, considerando-se agora "vacinada" contra essa tendência recorrente; foi uma "prova final" de um entendimento espiritual já adquirido, sedimentando um novo padrão de reação. (N. da médium).

PERGUNTA: - Quer dizer que a inconformidade - fruto do desconhecimento efetivo - para com a ação da Lei, além de descabida, aumenta desnecessariamente o sofrimento?

Reposta – Evidentemente. A criatura já consciente, por ser espírito mais amadurecido, guarda no íntimo a certeza definitiva de que a Lei, além de justa, é generosa. Ela não gasta tempo e energia lamentando-se: trata de ver como poderá atenuar o sofrimento, mas não se queixa, considerando-se um inocente injustamente punido.

PERGUNTA: - Poder-se-ia depreender disso que não seria adequado tentarmos de todas as formas aliviar a dor e o sofrimento alheios, considerando-se que nunca seriam injustiças e sim colheitas obrigatórias?

RESPOSTA: – A indiferença para com a dor alheia, seja como for ou de quem for, expressa a gelidez da alma que caracteriza os espíritos primitivos, por mais que sejam encadernados em vestes refinadas. Ao contrário, a criatura mais singela de intelecto, ao manifestar compaixão genuína pelo outro, caracteriza-se como graduada em sensibilidade.

Diz uma citação dos Mestres: "Deixai para nós a justiça, e ocupai-vos da misericórdia". A Lei socorre as criaturas através das criaturas, e a misericórdia dela atua através das mãos estendidas dos semelhantes. Tudo que for humanamente possível fazer para atenuar-se a dor e o sofrimento alheios, deve ser incondicionalmente posto em ação, como gostaríamos que fizessem para conosco. Invocar os rigores da justiça para ser impiedoso é próprio do indiferente e insensível.

PERGUNTA: - Quando a criatura passa a possuir esse reconhecimento da Lei Cósmica, definitiva e incondicionalmente?

RESPOSTA: – Depois de muitas vidas em que aprendeu sobre ela e em que vivenciou os seus efeitos. As criaturas que atualmente já se acham nessa condição geralmente são ex aprendizes de templos iniciáticos do passado, em que a Lei era ensinada em toda sua perfeição, ou viveram muitas vidas no Oriente, em que as Três Grandes Leis – da Evolução, do Carma e da Reencarnação – eram ensinadas corriqueiramente. Hoje, ao tomarem contato com elas através de qualquer doutrina espiritualista, identificam-se plenamente com esses conceitos, e sintonizam-se com a noção, que lhes era familiar, da perfeição da Lei. Ressoa-lhes dentro da alma o conhecimento adquirido, e tendem a enquadrar-se naturalmente nele.

Esse reconhecimento natural e definitivo da Lei Cósmica e a aceitação incondicional dela é próprio dos espíritos amadurecidos, que se acham mais ou menos próximos do ingresso na Senda da Sabedoria; é um pressuposto essencial para isso.

5
A MAGIA

Obras da natureza feitas depressa são milagres;
milagres feitos devagar são obras da natureza.
Padre Antonio Vieira

PERGUNTA: - Haveria uma conceituação da magia que a tornasse acessível à mentalidade ocidental, predominantemente intelectual e científica?

RESPOSTA – O que se convencionou chamar de magia nada mais é que o processo de atuar deliberadamente sobre as energias, condensadas ou não[6] dos mundos manifestados, para produzir (em tempo mínimo) determinados fenômenos, que evidentemente não podem ultrapassar a pauta delimitada pelo conjunto das leis da natureza, fora das quais é óbvio que nada pode ser feito, já que constituem o próprio metabolismo do Cosmo.

O fato de que nem todas essas leis façam ainda parte do acervo do conhecimento humano, mormente aqueles que regem os fenômenos ditos suprafísicos, e que poucos seres tenham se dado ao esforço de adquirir a maestria nessa manipulação energética, é que sempre fez dos processos técnicos da magia uma arte obscura e temida.

Atualmente, nos laboratórios de física e química avançadas,[7] produz-se fenômenos que poderiam ser enquadrados

[6] A matéria, que é energia condensada, e a energia livre em todas as suas modalidades.

[7] Podemos exemplificar com a produção de diamantes artificiais, onde são reproduzidas em laboratório as condições de temperatura e pressão necessárias às

rigorosamente nos processos antigamente adstritos aos núcleos de magia avançada de antigas civilizações. A própria produção de ouro, sonho dos alquimistas de outrora, já é tecnicamente viável – embora de custo não compensatório – mediante a intervenção interatômica que pode transmutar um elemento em outro pelo deslocamento de partículas.

PERGUNTA: - O que caracteriza, então, essas intervenções ditas mágicas, distinguindo-as, para o senso comum, daquelas que a ciência dos homens vem obtendo gradualmente sobre os corpos físicos e a natureza em geral?

RESPOSTA – Primeiramente, é o vetor tempo que ressalta no dinamismo das operações mágicas. Fenômenos que levariam dias, meses e até anos para se concretizar no mundo das formas, podem, pela intervenção do operador de magia, ver acelerado o seu desdobramento, e então o resultado final parece produto miraculoso – porque inexplicável. Um exemplo clássico seria a intervenção da concentrada força mental com que experimentados iogues conseguem, fitando uma semente, fazê-la eclodir e desabrochar em haste verdejante, depois ostentando folhas e até, eventualmente, frutos, tudo em questão de minutos, diante de assistentes extasiados. Trata-se apenas de acelerar uma programação inserida no núcleo da semente, uma espécie de "contratura do tempo". À mente treinada, que sabe desvendar "de dentro para fora" a tessitura dos planos invisíveis, mantenedores das formas, não há mistérios no Cosmo – apenas níveis de conhecimento cada vez mais próximos da Realidade Una.

A cura de enfermidades ou cicatrização de ferimentos, instantâneas, obtidas em todos os tempos e lugares pelos grandes iniciados (adstritas ao mérito e à programação cármica das criaturas) inserem-se no mesmo tipo de aceleração de um fenômeno que seria de longo curso, pela dinâmica comum da natureza.

PERGUNTA: - Então as operações mágicas atuam exclusivamente dentro de leis científicas já conhecidas? Que diferença teriam da ciência em si?

transformações do carbono. Ver: *https://forbes.com.br/forbes-tech/2021/04/conheca-o-laboratorio-brasileiro-que-transforma-cinzas-em-diamantes/* de 8/4/2021. – Nota do editor.

RESPOSTA – Temos outro fator que identifica as operações de magia, em larga escala: os verdadeiros magos utilizam recursos e atuam segundo leis (que regem os planos material e invisível) ainda desconhecidos da ciência limitada dos homens. Tão científicas e naturais quanto aquelas que se enfeixam nos compêndios humanos, as leis e princípios da natureza suprafísica respondem pela produção de fenômenos intitulados "paranormais", "miraculosos", "diabólicos" ou "mágicos", segundo a época, o contexto e o nível de compreensão dos observadores.

O transporte instantâneo de objetos e pessoas a qualquer distância, a produção de fogo, a levitação, as chamadas "operações astrais" ou a recomposição ectoplásmica de órgãos enfermos, as materializações de qualquer tipo, o deslocamento através de paredes ou outros sólidos, entre outros fenômenos, são resultantes da utilização dessa gama infinita de leis que atuam de "dentro" para "fora" dos mundos da energia que mantêm as formas. O verdadeiro mago, o iniciado, não conhece fronteiras em sua atuação, porque o conhecimento arduamente adquirido e o amor impessoal que lhe dita as ações significam um passaporte de liberdade dentro do Cosmo. Ele "sabe" e "age" em conexão com a sinfonia divina que rege o Universo, e dentro dessa pauta é livre para compor as melodias que a sua condição de "pequeno deus" autoconsciente permite. Não era outro o significado da assertiva do Divino Rabi de que "vós fareis as obras que eu faço, e as fareis maiores do que essas", sinalizando em luminosa expressão: "Vós sois deuses".

PERGUNTA: - Então, para produzir a magia, basta saber atuar dentro do conjunto das leis, conhecidas ou não, da natureza física ou suprafísica?

RESPOSTA – Há um terceiro fator, corolário do anterior, que deve ser levado em conta na produção dos fenômenos da magia. A mente treinada e informada do mago consegue convocar e comandar os espíritos da natureza, os chamados elementais, que a seu turno influenciam a produção de todos os fenômenos naturais. Os tradicionais xamãs e pajés que produziam chuvas, vento ou tempestades, ou os acalmavam; os iniciados que dominavam água, fogo, ventos, fendiam rochas (como Moisés) e comandavam toda a gama de fenômenos dos quatro elementos – todos tiveram por auxiliares esses prestimosos colaboradores do plano etérico. Também as consciências diretoras das espécies animais e vegetais atendem à convocação do mago, e produzem-se as mais diferentes atuações: animais selvagens tornam-se dóceis e obedientes; enxames de insetos, bandos de aves, rebanhos ou indivíduos de qualquer espécie podem ser dirigidos, mudar de rumo, deter-se e executar diversos comandos desejados.

Há outros instrumentos peculiares da magia – a exemplo do som –, cujos poderosos efeitos não se circunscrevem àqueles fenômenos já identificados no plano físico, como partir cristais ou derribar pontes ou edifícios,[8] atuar como força terapêutica na musicoterapia, incentivar o crescimento de plantas, a produção de leite nos animais, ou coadjuvar a medicina nas ultrasonografias e na partição de cálculos renais. O som, extensão do "verbo criador", é força de incalculável poder, e sabiam utilizá-lo os magos de todos os tempos e lugares, para admiráveis resultados. Através do som se comanda os elementais, e através deles a natureza. O som é magia curadora nos mundos físico e suprafísico – e os mantras são uma expressão disso. Som é número e ritmo, e estes constituem a tesssitura dos mundos manifestados.

PERGUNTA: - Se a magia atua sempre e somente na pauta das leis que disciplinam o mecanismo cósmico - sendo óbvio que nada pode produzir-se no Universo em desacordo com os princípios que o regulam - seria ela então, sempre, uma atuação "positiva" - operando a favor do processo evolutivo? E o que se denomina de magia negra?

RESPOSTA – A produção de uma simples chama de fósforo ou de uma fogueira obedece invariavelmente às leis da combustão, quer se destine o fósforo a aquecer o ambiente ou desencadear um incêndio criminoso, e a fogueira se preste a salvar uma expedição enregelada ou delatar um acampamento ao exército inimigo. Nenhuma desobediência ocorreu

[8] As muralhas de Jericó (Josué, cap.6) foram destruídas pelo poder concentrado do som, da marcha do exército, das trombetas e da gritaria uníssona do povo judeu.

às leis que regem a produção do fenômeno em si. A finalidade, direcionada pela intenção da mente produtora, é que varia. E dentro do universo mental-emocional do operador é que se definem as causas ou motivos, que produzirão efeitos consequentes a elas, dentro do esquema inderrogável do Universo – mecanismo a que se costuma designar como Lei do Carma.

Segue-se que a magia, conforme seja efetuada a serviço e no sentido da Lei da Evolução, cuja dinâmica é a expansão de consciência na direção da Luz Eterna, ou em sentido contrário, se caracteriza como passível de duas correntes opostas.

Ou se produz na dinâmica do amor, que é o impulso de retorno à Fonte Criadora, ou se distancia dele, num movimento de retração ou fuga consciencial. O primeiro "aquece" progressivamente o espírito, imprimindo-lhe frequências sempre mais rápidas que o atraem para a sintonia com a Unidade essencial do Cosmo; o segundo determina uma letargia progressiva na vibrátil tessitura da alma, exilando-a gradualmente para a periferia gélida do nível centrado no próprio eu – o egocentrismo, que infelicita os que se autoexilam da Luz.

Desde as mais remotas civilizações do planeta, portanto, e passando por todas as raças e culturas que o povoaram, até o presente, jamais a magia esteve ausente, nem os seus cultores. Apenas, como a humanidade ainda não abandonou os bancos da escola elementar da consciência, as finalidades autocentradas, que denotam a infantilidade espiritual de seus autores, têm ultrapassado sempre, largamente, o percentual de cultores dos objetivos de ascensão – o sentido evolutivo. A diferença é a prisão no "eu", a contração da consciência – ou a libertação no sentido expansivo, que busca a identificação com as demais consciências (O que se rotula comumente de egoísmo ou altruísmo, ódio ou amor)

Consequentemente, a magia branca e a magia negra, que sempre compareceram em todas as latitudes do orbe, são expressão dos dois sentidos em que se polariza a caminhada de cada consciência: ora subindo, ora descendo os degraus da simbólica escada de Jacó, o caminho das almas entre a extrema materialidade e a infinitude da Luz Cósmica.

6
A SABEDORIA MILENAR E OS CORPOS DO HOMEM

Mariléa de Castro

Àqueles que se propõem lidar com os corpos dos humanos na intenção de curá-los – o que é o caso da apometria e outras intervenções –, o estudo dos conceitos básicos sobre esses famosos veículos do homem deveria ser a preliminar *sine qua non*. A absorção da antiga, extensa e consagrada bibliografia de ocultistas e pesquisadores de várias correntes sérias deveria preceder o primeiro estalar de dedos de qualquer apômetra – para preservar-nos do risco de sair reinventando a roda – em formato quadrado.

Um conceito claro e simples sobre a estrutura e natureza dos nossos sete corpos, sua constituição e qualidade energética, é precioso – e indispensável – instrumento a quem se dispõe, acima de tudo, a servir os semelhantes com simplicidade.

Aquilo que já foi ensinado pelos Instrutores da humanidade sobre fatos básicos não muda nunca, como as leis da Natureza.

Desde que o mundo é mundo – ou, digamos desde as Escolas de Sabedoria da velha Atlântida – e em todas as escolas esotéricas do mundo, se aprendeu que o ser humano se compõe de uma dualidade: uma porção divina, imortal, e outra mortal e "imperfeita". Não é outro o simbolismo do centauro (sendo os gregos herdeiros da sabedoria atlante, em sua iniciática mitologia). Todas as religiões se construíram – com maior ou menor ingenuidade – sobre esse dualismo; e algumas, com a rígida discriminação "espírito é o que vale, matéria é inferior", como a que vigorou na Idade Média.

Mas, espanando o pó dos séculos, se vê que, por baixo, encontra-se uma verdade básica, avalizada por todas as Escolas Iniciáticas do passado e do presente: o ser humano se compõe de uma duplicidade que se costuma chamar – pelas últimas dezenas de milênios – de Eu Superior e Eu Inferior. Correntes contemporâneas têm adotado as denominações de Individualidade e Personalidade, para esses dois níveis componentes do ser humano.

Nada de misterioso ou difícil. Apenas, aqui entram os famosos corpos ou veículos do homem – sete, divididos entre esses dois níveis, o do Eu Superior ou Eu Real, a Individualidade, e o Eu Inferior ou Personalidade.

E o que ensinaram, desde sempre, os sábios e os mestres?

Que a centelha divina – nós – também chamada mônada, sendo da mesma natureza do Imanifesto, o Absoluto, não pode "descer" para os planos do universo manifestado (sete) e "mergulhar na corrente da evolução" (a famosa "queda do homem"). Por isso, cria uma projeção de si – o Eu Superior, a Individualidade que possui todos os atributos da sua perfeição – extensão que é dessa Divina Centelha. Esse Eu Superior inclui três veículos – os corpos superiores – que possuem as divinas qualidades de vontade, amor-sabedoria e ação.

Esses três corpos de perfeição, reflexos da perfeição da mônada, são conhecidos como *atma-buddhi-manas* no Oriente; ou corpo átmico, corpo búdico e corpo causal (mental abstrato ou mental superior) na nomenclatura mais familiar ao Ocidente. Eles são o Homem Real, o nosso Eu Interno de luz e beleza perfeitas (sem necessidade de retoques).

Essa é a "porção superior" do centauro, que as religiões costumam simplificar chamando de alma ou espírito imortal (ignorando sua constituição tríplice). Mas o que importa é o conceito claro que acompanha esse conjunto dos três corpos – o ternário superior. Trata-se da parte divina do homem, repositório de seus ilimitados poderes, da divina sabedoria e do perfeito amor. A nossa meta evolutiva – daí o aforismo oriental: "Tornai-vos aquilo que sois", inexplicável sem a chave do conhecimento oculto.

O importante é salientar bem a natureza divina, portanto irretocável, desses três corpos – átmico, búdico e causal, que compõem o nosso Eu Real (o *Self*, de Jung). "Somos deuses", conforme afirmou Jesus, em nossa Individualidade – *atma-buddhi-manas*.

Será preciso mais para caracterizar a perfeição desse território superior de nosso ser? Esse é o nosso Deus Interno, a nossa alma imortal, a divina *Psiké*.

Resumindo: o que já é, por definição, perfeito, não precisa ser aperfeiçoado. É de uma clareza elementar.

Mas não esqueçamos a "porção inferior" do centauro – o Eu Inferior, a Personalidade, o Ego – ou quaternário inferior, constituído dos corpos mental concreto, astral, etérico e físico denso.

Esses quatro veículos transitórios e perfectíveis – insistamos nesse termo: perfectíveis = passíveis de aperfeiçoamento – são os instrumentos que nosso Eu Superior utiliza para atuar nos três "mundos da ilusão" (mental, astral e físico), ali construindo a ampliação consciencial que o habilitará a "retornar" ao nível divino.

Somente aqui, nesses quatro veículos "inferiores", podem registrar-se as temporárias "imperfeições" de nosso caminho evolutivo. São os "cadernos escolares" onde rabiscamos, primeiro em garranchos assustadores, depois em letra mais caprichada, as lições do curso "Como Tornar-se Divino" que estamos fazendo, nas escolas planetárias deste Universo.

Quando nossa consciência "desceu" do nível divino e mergulhou nos planos inferiores para evoluir, sendo, portanto, "expulsa do paraíso" – que era a consciência enfocada ao nível de *atma-buddhi-manas* – foi delimitada uma barreira impeditiva de seu retorno imediato. Tal é o simbolismo do "anjo com uma espada flamejante" colocado como "sentinela ao redor do Jardim do Éden" (vide Gênese), para garantir que Adão e Eva não pudessem retornar pulando o muro. Só poderemos retornar pela porta da frente depois de, em evos incontáveis, termos abandonado em definitivo a nossa "parte de baixo do centauro" – os quatro veículos, repitamos, perfectíveis (cheios de rabiscos feitos desde o jardim da infância da evolução).

Sintetizando:

EU SUPERIOR Individualidade	corpo átmico corpo búdico corpo causal (mental superior, mental abstrato)
EU INFERIOR Personalidade	corpo mental (inferior ou concreto) corpo astral corpo etérico corpo físico

A essa altura, não é preciso dizer sobre qual conjunto de veículos se pode intentar uma ação terapêutica de qualquer tipo, seja magnética, cromoterápica, psicológica, de terapia de regressão, apométrica, homeopática, ou de quaisquer energias (do curandeiro mais singelo ao mais sábio médico extraterrestre). Só o que pode adoecer precisa de médico.

Pode-se limpar o copo sujo – e aí, escolher água, álcool, detergente, ar comprimido, até ultrassom e laser – mas, querer escovar o raio de sol que o atravessa?

Em nossos veículos inferiores se imprimem nossos equívocos – os rabiscos das lições milenares. No corpo mental (intelecto) se acumulam os resíduos dos pensamentos "maus" – formando "excrescências", vórtices desequilibrados, "abcessos" estagnados (ideias fixas) e demais deformidades plasmadas na matéria mental desse corpo. No corpo astral, ficam as pegadas das emoções indesejáveis, raiz de patologias do corpo e da mente. Em decorrência, o corpo etérico deforma e enferma os seus órgãos e sistemas. E o pobre corpo físico é que recebe tudo, além de suportar as agressões diretas do plano físico.

Todos esses veículos – em especial o mental, sede das energias modeladoras mais potentes, capaz de alterar a forma e estrutura dos demais – a mente que adoece e cura, enfim – podem constituir o campo de atuação terapêutica de qualquer tipo. E já é bastante extenso, convenhamos.

Quanto aos corpos superiores – átmico, búdico e causal –, é impensável tentar influir neles.[9]

[9] Tanto que, ao transferir para esses corpos, em definitivo, a sua consciência – ao fim do longo (e quão longo!) trajeto na Senda da Sabedoria, o homem torna-se

O Anjo de Espada Flamejante é uma boa imagem para recordar à nossa possível ilusão de intervir nesses veículos que há uma fronteira, um *nec plus ultra* que impede a entrada nesse território divino.

Para começar, o acesso a esses veículos é exclusivamente possível àqueles cuja consciência já atingiu esses níveis e neles funciona – o que significa, literalmente, os espíritos libertos de carma, aqueles que já deixaram a roda das encarnações –, que costumam ser chamados de Mestres de Sabedoria na tradição esotérica.

É providencial que o plano divino tenha colocado essa "válvula de segurança" impedindo a entrada de não-iluminados ao recesso de nosso mundo interno mais elevado. Somente um ser cuja consciência é perfeito amor e perfeita sabedoria, sintonizado já com a Consciência Cósmica, tem permissão e possibilidade para debruçar-se sobre seus irmãos e ler em suas auras do Eu Real o nível evolutivo que já atingiram – o que costuma ser o objetivo dos Mestres ao fazer isso. É bom que se saliente: ler, ou analisar – nunca "tratar de", "intervir em", o que seria uma incoerência completa.

O que poderia nos levar a imaginar que se possa – e, antes de mais nada, que se necessite – intervir nos corpos superiores do ser humano?

Para se concluir com uma ideia mais clara dos veículos superiores e sua real natureza, a que é ensinada em todas as tradições milenares, indiquemos sucintamente algumas características deles.

Corpo causal

O corpo causal, ou *manas* superior (corpo mental superior), é construído, através das existências multimilenárias, com um material especial. Qual? A essência de tudo o que de mais puro e belo o homem enviar para sua consciência – e só isso!

Cada vez que vibramos um pensamento ou sentimento

---

um Mestre, um Homem Perfeito, unido à Consciência Divina. É o "espírito puro" que Kardec mencionou. É a criatura que assumiu a própria perfeição latente, tornando-se o ser divino que sempre foi. "Não ouvistes que foi dito 'Vós sois deuses?", disse Jesus, citando a Sabedoria Milenar. Pois é ao nível desses três corpos que "somos deuses".

elevado, uma cor definida se acrescenta à substância desse veículo. O seu aspecto, no ser evoluído, é de uma beleza celestial, pois se constitui de nuances brilhantes e radiosas de cores delicadas.

Citando uma fonte objetiva e recomendável – a obra *O Corpo Causal e o Ego*, de Arthur E. Powell (Ed. Pensamento):

> Embora, no curso de sua evolução nos mundos inferiores, o homem – com frequência – introduza em seus veículos qualidades indesejáveis e inteiramente impróprias para sua vida como Ego, ... **nenhuma delas pode ser expressa no corpo causal."** (p. 84) (grifamos)
>
> Podemos pensar em todas as experiências do homem como passando através de uma peneira ou crivo. **Só o que é bom passará**, e o que é mau será deixado, rejeitado. Nisso – o verdadeiro **mecanismo pelo qual o corpo causal** *é construído* – estão não só a esperança do homem, mas a certeza do seu triunfo final.
>
> **Embora nenhum mal possa ser armazenado no corpo causal, ele, contudo, é estocado nos veículos inferiores"** (p. 99) (grifamos)

O corpo causal é a fonte de nossa conexão com a Mente Divina, portanto o que canaliza os lampejos daquilo que se chama de intuição pura: o conhecimento real e instantâneo, global, sem passar pelos laboriosos processos do intelecto: o famoso "sexto sentido" que a Era de Aquário verá desenvolver-se.

É um veículo a que raras pessoas têm acesso consciente:

> No presente estágio da evolução humana, raramente o *manas* superior se manifesta. Lampejos ocasionais dele são o que nós chamamos de gênio verdadeiro...para um homem ainda ligado ao corpo físico mover-se com integral consciência no corpo mental, seja o inferior ou o superior, é preciso que ele seja um Adepto ou um de seus discípulos Iniciados... presentemente, a maioria parte das pessoas mal é consciente no corpo causal. (Arthur Powell, idem, p.103)

Conclusão: nada que seja desequilíbrio, desarmonia, e muito menos traumas, lesões ou patologias, pode alojar-se nesse corpo luminoso; nada que seja imperfeito. É uma questão técnica, vibratória. Nada que não seja de sua própria frequência divina tem acesso a esse nível do nosso Eu Real. Nem nossos mais acentuados mergulhos nos pântanos evolutivos pode macular essa beleza divina de nosso eu angélico. O máximo que podemos conseguir é cessar, por algum tempo, de enviar os "materiais de construção" próprios para seu desenvolvimento.

Corpo búdico

Esse é o nosso nível divino de amor-sabedoria. É o nível da Iluminação. Alcançá-lo é tornar-se um Buda = iluminado (Sidartha Gautama foi um Buda).

Uma ligeira conexão com esse supremo nível de consciência provoca o *samadhi* – a indescritível expansão de consciência que leva o ser a conectar-se com o Coração Divino, com a Unidade Essencial de todas as vidas.[10] Essa experiência, muito rara, só pode ser obtida por um discípulo pela intervenção direta de um Mestre de Sabedoria – alguém que já opera na radiosa realidade desse nível de consciência.

Há uma larga diferença entre a qualidade da consciência ao nível causal (*manas* superior) e a consciência búdica!

> Como o elemento predominante no corpo causal é o conhecimento *e a sabedoria definitiva*, assim o elemento predominante na consciência do corpo búdico é *a beatitude e o amor*. A serenidade da sabedoria caracteriza o primeiro, ao passo que a mais terna compaixão emana incessantemente do outro (*O Corpo Causal*, p. 231). (grifamos).

O búdico é o plano do sentimento da unidade; um nível de consciência elevadíssimo, que pressupõe iniciações para ser alcançado. Não é somente com intenções que se atinge. Sua luz, uma vez atingida pela consciência, torna a criatura

[10] A quem desejar ter um vislumbre, sugerimos o capítulo "A Consciência Cósmica" da obra *Autobiografia de um Iogue*, de Swami Yogananda.

um manancial de compaixão ilimitada e de autêntica Sabedoria – a Sabedoria do Coração.

> Não será preciso dizer... que toda a descrição da consciência búdica é, necessária e essencialmente, defectiva. É impossível, em palavras físicas, dar mais do que um mero indício do que é a consciência superior, porque o cérebro físico é incapaz de apreender a realidade (Powell, idem, p. 229).

Ele corresponde ao Cristo em nós, e quando ele desperta inteiramente no homem, numa iniciação superior, é como um "segundo nascimento": o Iniciado é aquele no qual o Cristo Interno – a consciência búdica – nasceu.

Dele captamos, gradativamente, à medida que sutilizamos nossos espessos veículos inferiores, a irradiação do Amor e da Sabedoria que gradualmente vão "chamando" nossa consciência para o "retorno à casa do Pai". Cada vez que uma chispa de verdadeiro amor se irradia do centro de nosso ser, é da fonte divina da Pura Luz de Buddhi que ela emana. À custa de irradiá-la cada vez mais, vamos aprendendo, lentamente, a afinar o ouvido interno para escutar a voz sem som que nos fala desde esse nível divino.

Conclusão: podemos até falar do corpo búdico, ter vagas noções de sua maravilhosa natureza e sonhar com o dia em que chegaremos a seu nível de consciência – realizando o Cristo Interno em nós.

Entretanto, pensar em atingi-lo, ou intervir nele (a Pura Luz Crística!) com nosso limitado instrumento do intelecto, é totalmente descabido, pela impossibilidade técnica que isso representa.

Corpo átmico

É o que expressa o aspecto "vontade" da mônada. Dele pouco pode ser dito ou conhecido ao nível em que nos encontramos. É aquele que constitui a porção superior do que chamamos o Eu Real, o Eu Superior.

Melhor respeitar o indizível. Aqueles que podem ter acesso a esse nível de consciência, exatamente são os que nada dirão dele. Os que sabem, não falam; os que falam, não sabem – é um velho aforismo iniciático.

Dizermos às criaturas que esses veículos superiores, o templo de nossa divindade interna, semente de toda a perfeição que nos acena para o futuro, portanto a garantia de que nosso árduo esforço evolutivo não é vão nem ilusório, podem ser contaminados com imperfeições – significaria o quê ? Em última análise, destruir a esperança humana em sua própria divindade interna. Sugerir que são imperfeitos os corpos de luz e perfeição cuja existência sempre foi ensinada pelos mestres da humanidade, não será desacreditar deles?

* * *

Obras de consulta sugeridas

BESANT, Annie. *O Homem e seus Corpos*. S.P., Pensamento, 1978

HEINDEL, Max. *Conceito Rosacruz do Cosmo*. S.P., Fraternidade Rosacruz, 1961

LEADBEATER. C. W. *O Homem Visível e Invisível*. S.P., **EDITORA DO CONHECIMENTO**, 2009

LUIZ, André. *Evolução em Dois Mundos*. R.J., FEB, 1961

POWELL, Arthur. *O Corpo Causal e o Ego*. S.P., Pensamento, 1996

______________. *O Corpo Mental*. S.P., Pensamento, 1985

______________. *O Corpo Búdico*. S.P., Pensamento, 1987

RAMATÍS (Psic. Hercílio Maes). *O Evangelho à Luz do Cosmo*. Limeira, **EDITORA DO CONHECIMENTO**, 2003

Bhagavad Gita. (Trad. F. V. Lorenz). S.P., Pensamento, 1959

7

A TRAJETÓRIA DA MÔNADA

"Vós sois deuses". – Jesus

PERGUNTA: - Como se poderia compreender em profundidade a natureza da mônada, a centelha divina a que chamamos alma ou espírito?

RESPOSTA: – A mônada – a centelha divina, ou alma – é como um pequeno foco ou "janela" através da qual se filtram as potencialidades divinas do Grande Ser. Ele já "está" integralmente ali, no sentido de que é o substrato, o "pano de fundo" de todo ser. A grande caminhada, a trajetória da evolução, é como a dilatação dessa "janela", que vai se abrindo para permitir que se expanda o potencial interno de todos os corpos ou veículos que virão a compor o ser humano.

O que são esses "corpos" ou "veículos"? Nada mais que filtros ou equipos especializados que funcionam expressando determinadas potencialidades do Grande Ser. Dentro Dele, são perfeitos e plenos, mas para serem "operados", por assim dizer, nos planos da criação, eles são diferenciados ou especializados em níveis ou modos de consciência.[11]

Assim, a potencialidade de sentir totalmente, que é a onipresença, é filtrada ou se exerce, no ser humano, através de um

[11] Os veículos superiores do ser humano – da Individualidade ou Eu Superior – têm uma correspondência com os corpos inferiores, da Personalidade. Eles se "refletem" nos seus correspondentes: o átmico no corpo físico, o búdico no astral e o mental abstrato (causal) no mental concreto. Assim diz a Sabedoria Eterna.

"instrumento" que se chama de corpo astral – reflexo, no estágio humano, do perfeito amor e sabedoria do nível búdico, que é a "faceta" do Onipotente a que chamamos de onipresença.

A potencialidade de saber totalmente, que é a onisciência, representada pelo nível de consciência do corpo causal (mental abstrato), reflete-se, ou é filtrada, pelo veículo a que chamamos de corpo mental (concreto, o intelecto).

Já a perfeita potencialidade de agir, ou a onipotência, é figurada ou representada pelo corpo físico, em sua atuação nos mundos de matéria. Seu filtro ou módulo superior é o corpo átmico.

Portanto, é preciso compreender que tudo decorre de uma única fonte ou da unidade do Criador com todas as suas potências intrínsecas. Ele está sempre ali, buscando expandir Sua consciência total através das pequenas janelas ou pontos de intersecção a que chamamos de mônadas. Num exemplo imperfeito, é como o raio laser de um reservatório potente, que se insinua através de um orifício na ponta de uma caneta ou bastão que o projeta.

À medida que essa realidade criadora consegue ir se filtrando ou expandindo através do foco ou "janela" da mônada, ou unidade de consciência, vai se ampliando o leque de atuação dessas potencialidades. Então dizemos que a "consciência" vai se expandindo em cada ser criado. Na verdade, essa consciência já estava toda ali, todo o potencial do infinito oceano cósmico da Consciência do Eterno Ser.

PERGUNTA: - Como esse foco de consciência chega a constituir um indivíduo humano?

RESPOSTA: – A focalização desse "oceano" nas pequenas "gotas" que são as consciências individuais (as mônadas) para resultar um dia na individualidade humana, precisa atravessar algumas etapas. Antes que essa caudal de consciência, a Luz Eterna que é a substância mater do Universo, venha alimentar um foco específico como o ser humano, que possui a consciência de existir como uma individualidade aparte, e começa a exercitar de forma mais ou menos consciente as potencialidades de sua Fonte original, ela precisa se graduar ou ir "direcionando" o seu foco, por assim dizer. Precisa, numa palavra, se tornar autoconsciente. Precisa aprender a estabelecer a diferença entre o "eu" e o "não-eu".

Essas etapas preliminares se dão no trajeto das centelhas divinas pelos reinos iniciais da Criação – minerais, vegetais e animais.

PERGUNTA: - Qual é a consequência do trânsito pelo reino vegetal?

RESPOSTA: – Quando em trânsito pelo reino vegetal, elas ensaiam a lição básica de interação com o meio ambiente, o treino da sensibilidade. O vegetal tem sensações – sente o frio, o calor, a umidade, a sombra, sente a luz do Sol e se movimenta em direção a ela. Como já possui um duplo-etérico – um campo de energia alimentado pelo prana solar e pelas energias telúricas – desperto, ele é capaz de reagir e interagir com os efeitos ambientes. São bem conhecidos os casos de vegetais que secam quase imediatamente quando submetidos às emissões magnéticas do olhar de certas criaturas,[12] num processo que ilustra a reação do campo energético do seu duplo às energias invisíveis direcionadas para ele. Ao inverso, algumas plantas, como a guiné, constituem verdadeiros "transformadores" vegetais, reciclando as energias negativas do ambiente em que se encontram.

É nesse nível, embora relativamente incipiente, que as mônadas, coletivamente, se tornam responsáveis pela manutenção de toda a vida planetária. É como se, marcando o seu ingresso na faixa da "troca com o meio", quisessem oferecer a este, a seus irmãos maiores, a maior dádiva de que podem tornar-se mediadores, ingressando na grande corrente coletiva do "dar e receber" mais dinâmico.

---

[12] Eu não tinha uma real dimensão do impacto desse fenômeno, até o dia em que uma pessoa, a metros de distância, elogiou intensamente (e por certo desejou) uma planta de nossa sala, que estava viçosa e linda. Era de tarde. No dia seguinte, a planta amanheceu totalmente seca, e não houve cuidados que a salvassem.

Anos depois, novamente: uma bela folhagem foi pendurada, exuberante e de cores raras. Uma pessoa presente se desmanchou em admiração (e cobiça). No dia seguinte, a planta começou a secar, e rapidamente se tornou um tufo de hastes secas, sem que nada pudesse impedir. Tive que render-me às evidências. Para a compreensão do fenômeno, vide *Magia de Redenção*, obra de Ramatís ditada a Hercílio Maes, Ed. Do Conhecimento. (Nota da médium).

PERGUNTA: - Em que consiste essa dádiva?

RESPOSTA: – O metabolismo vegetal absorve água, componentes do solo, gás carbônico, e, numa fantástica operação de verdadeira alquimia (a fotossíntese), o Grande Mago Solar estende suas mãos luminosas e, num verdadeiro passe de magia inalcançável por qualquer ciência humana, os transforma, de substâncias inorgânicas, em substâncias orgânicas, que são o substrato de toda a vida planetária. Pouquíssimos humanos já se detiveram a apreender, em toda sua significação transcendental, o milagre que ocorre na intimidade da mais singela folha de grama, diariamente e sem a intervenção das criaturas, significando a usina primordial da vida planetária, a base de sustentação de toda a vida orgânica, da erva humilde que recobre os campos à genialidade de um Einstein. Todos são dependentes dessa magia solar que nenhum laboratório do mundo poderá replicar – a transfusão da energia de amor e vida do Ser Solar. As fórmulas químicas que representam essa operação mágica podem representá-la – como uma imagem em preto e branco pode representar uma flor –, mas jamais explicá-la devidamente, e muito menos em sua realidade oculta – a doação do Grande Ser Solar que de Si mesmo, de Sua energia, alimenta toda a vida do sistema.

PERGUNTA: - São, por conseguinte, as mônadas ali presentes a fazer esse processo?

RESPOSTA: – As mônadas, que ali estão fazendo seu aprendizado de expansão de consciência através do serviço, devidamente tuteladas pelos devas,[13] obedece à programação genética inserida em suas células físicas.

Os vegetais, portanto, ocultam em si a presença daquela essência divina, representada pelas mônadas, que está fazendo o seu aprendizado nas classes elementares dos planetas. Elas são não-conscientes; como bebês recém-nascidos, possuem uma consciência difusa e indiferenciada. Congregadas em espécies, estas recebem, como todas as crianças pequenas, cuidadores: são os devas e seus auxiliares, os espíri-

[13] Para compreensão mais profunda, vide o capítulo "Os Devas", ditado a Sávio Mendonça, da obra *Do átomo ao arcanjo;* compilação de textos de Ramatís. **EDITORA DO CONHECIMENTO**.

tos da natureza. Lentamente, na passagem dos milênios incontáveis, essas sementes ou protótipos de almas humanas vão aprendendo, ao animar formas cada vez mais evoluídas, a exercitar e automatizar, guardando-as na memória da espécie, qualidades mais complexas. Produzem flores e frutos, folhas nutritivas e sementes para alimentar os seus irmãos mais velhos – animais e humanos. Cada lição vai progressivamente abrindo janelas de consciência, capacidades que refletem, ainda que de forma singela, as potencialidades divinas ali enfeixadas. A ação de modelar suas estruturas, as complexas reações de seu metabolismo, a reprodução, com que estendem sobre o solo inóspito a bênção da cobertura verdejante, o ápice de complexidade com que atuam produzindo flores e frutos, obedecendo à programação inserida em seus genes pelos Grandes Seres Criadores, tudo isso significa o aprendizado da ação – germe da onipotência futura, primeiro entreabrir vacilante dos olhos monádicos, por assim dizer, na interação com o meio – os outros.

Nesse estágio, pode-se, numa imagem singela, figurar as mônadas como um grupo de bebês de um berçário – um berçário de almas. Elas ali se encontram, centros de consciência já individualizados no seio do Criador, centelhas da Luz Eterna já constituídos em focos definidos pela grande Programação Cósmica do Senhor da Vida.

Elas operam e se desenvolvem em grupos, como os bebês do berçário, constituindo as espécies e coletividades de formas vegetais. Daí surgiu a denominação, ainda pouco compreendida, de almas-grupo.

PERGUNTA: - Em que se constituem essas almas-grupo? Serão apenas grandes consciências que não possuem delimitação dentro de si?

RESPOSTA: – A lógica vos deve fornecer a compreensão do processo. Se as mônadas foram criadas, ou individualizadas, como filhas do Supremo Ser, a partir daí elas se constituem para sempre em focos unitários, como "sementes de anjos" em processo de aquisição de consciência, apenas.

O fato de evoluírem lado a lado, como os bebês do berçário, ou mais tarde as criancinhas da classe maternal (animais), sem autonomia maior, e sempre tutelados amorosamente pelos devas, não significa que não estejam ali as centelhas individualizadas da Luz Eterna, assim como os bebês são individualidades, embora não se apercebam ainda disso. Cada uma delas é um núcleo de consciência em expansão, já definido e programado desde o início pelo Grande Ser. Não se trata de uma "sopa indefinida" de consciência, mas de seres atuando coletivamente, em grupos, como entrando de mãos dadas na corrente da vida, atuando e reagindo em comum, mas com seus núcleos conscienciais definidos.

Caso contrário – deveis raciocinar –, como iriam mais adiante, depois das fases de animal e de espírito da natureza, ser definitivamente individualizados em seres humanos? Se não fossem núcleos de consciência delimitados, desde sempre, teria que acontecer uma nova "criação" que, em algum momento, individualizasse, de uma espécie de "plasma de consciência", os núcleos individuais. Tal não acontece, porém.

Por esse motivo, é mister compreender bem o que se conceitua como "almas-grupo". Talvez, para vossa mais clara compreensão, fosse mais adequada a denominação de "grupos de almas", ou "almas em grupo", pois é disso que se trata.

PERGUNTA: - Como se processa essa evolução de consciência gradativa dos núcleos de consciência?

RESPOSTA: – Como, numa comparação grosseira, a lente de uma máquina fotográfica que vai se abrindo para abranger cada vez uma imagem maior, ampliando seu foco, assim o "olhar interno" da mônada vai se tornando mais focado, mais consciente de si própria e do universo ao seu entorno. De início, nas espécies inferiores, a "imagem do mundo" lhes chega, por assim dizer, como numa "imagem desfocada" ou difusa, tanto de si mesma como do resto do mundo.

Poderia dizer-se que os "olhos da alma" dessas centelhas estão ainda mal entreabertos, pouco podendo apreender da realidade em torno e de si mesmas.

PERGUNTA: - Qual o mecanismo ou processo que faz com que se abram esses "olhos internos" ou se focalizem essas imagens difusas?

RESPOSTA: – É a interação com o meio. A atuação de todos os agentes externos – sejam os fenômenos da natureza ou a ação de outros seres vivos, como animais e humanos – são como "empurrões" ou sacudidelas que vão despertando a consciência das mônadas, primeiro no reino vegetal, depois no animal inferior. A dor, então, ou aquilo que conceituais como dor, é desde o início a grande mestra despertadora da consciência. A dor, infligida aos entes vegetais ou animais pelas vicissitudes do meio, representa, a grosso modo, uma sacudida ou apelo para a concentração da consciência.

PERGUNTA: - Como os animais de espécies inferiores podem evoluir através da dor?

RESPOSTA: – Entendamos como dor, aqui, todos os desafios que provocam ansiedade e exigem uma resposta de conservação das mônadas enclausuradas nos entes animais, que já adquiriram, aliás, a qualidade diferenciada do movimento – reflexo primordial da condição futura da onipresença.

Nessas espécies animais inferiores, atuam as exigências imperiosas da nutrição e da reprodução, mais a defesa, que emanam tanto da programação genética inserida no seu corpo físico como das requisições de um nível mais avançado de consciência – já que no animal, desde o início, foi despertado ou aberto um outro nível de percepção para as mônadas: o corpo astral, que vai lhes facultar a ampliação da sensibilidade e, num distante futuro, a modelagem do sentimento.

O corpo astral é despertado na entrada na fase animal. Inicialmente, como em passos titubeantes da criancinha aprendendo a andar, os animais de espécies inferiores têm reações padronizadas ao meio. Defesa e ataque para manutenção da própria integridade, busca do alimento, reprodução automatizada. Primeiro no oceano, o regaço materno de sustentação da vida primordial que amparou os entes pequeninos no grande berçário da vida planetária, como um colo generoso que carrega os bebês da vida. Depois, dando os primeiros passos autônomos, os anfíbios e répteis conquistaram a amplitude do cenário e foram adquirir, nas lutas quotidianas, as experiências repetidas que iriam marcar, na consciência das mônadas, cada vez mais dilatação de consciência.

PERGUNTA: - Qual se poderia dizer que é a maior aquisição das consciências monádicas no reino animal?

RESPOSTA: – O grande e fundamental processo é a construção do instinto. Pela repetição infindável de processos de manutenção da própria vida, os animais unicelulares e depois as colônias de células em organismos vão sedimentando modelos de comportamento que serão essenciais para os organismos complexos do futuro. O instinto de preservação, a busca do alimento, a reprodução, vão lentamente, pela repetição infindável, se gravando como automatismos nas consciências pequeninas. Instinto é isso: automatismo registrado como reação, que uma vez introjetado, fica disponível para sempre com todas as suas vantagens e desvantagens – estas, no futuro estágio humano.

PERGUNTA: - Podeis explicar melhor essa última afirmação?

RESPOSTA: – O estágio animal é uma longa e exaustiva aprendizagem de construção desses automatismos essenciais que são os instintos. Primeiro, sedimenta-se o instinto de sobrevivência, com todas as reações decorrentes. Depois, lentamente, nos animais de sangue quente, em particular nos mamíferos, começa a desabrochar mais um componente oculto do conteúdo divino da mônada: as primeiras claridades do sentimento, que é a característica própria do veículo astral. Os animais superiores, os mamíferos, entreabrem mais uma fresta – gigantesca – em seu psiquismo para deixar expandir-se uma claridade maior da Luz Divina que carregam escondida.

Justamente nessa característica que os distingue – a amamentação – pode-se desvendar a construção do processo do sentimento, do incipiente amor, que é o selo da Divindade começando a se exteriorizar. Na relação afetiva que se estabelece, na doação da mãe animal que generosamente oferece de seu próprio corpo a alimentação que vai manter a vida de sua prole, começa a construção sagrada desses laços que vão começar a unir, umas às outras, as mônadas já bem definidas em indivíduos animais. O impulso que leva à alimentação e defesa da prole – já presente antes, como nas aves – se colore de tintas mais delicadas e diversas. Os animais superiores, como elefantes, cavalos, gatos, cães e primatas, já conseguem exteriorizar uma quota dessa essência ou impulso cósmico do sentimento de amor – os primeiros bruxuleios da consciência de *buddhi* (o corpo búdico) insinuados através da lente do corpo astral.

O carinho com que as mães animais acalentam e brincam com seus filhotes, lambendo-os afetuosamente, o reflexo amoroso que cintila no olhar de alguns primatas (que tem sido registrado em imagens que já correram o mundo) que se dedicam de forma inusitada a criar e proteger filhotes de outras espécies órfãos ou enjeitados, nos permite perceber esse entreabrir inédito das cortinas da consciência para desvendar a sagrada luz oculta que reside na intimidade de cada ser. Sem esquecer a dedicação, por vezes com sacrifício da própria vida, em que animais salvam seus donos em perigo ou se deixam morrer após o desencarne deles, ou então se recusam a afastar-se da porta de hospitais onde estejam internados. É o alvorecer do sentimento de amor – esse divino impulso que atrai os seres criados para a misteriosa Unidade, que é a realidade oculta do Universo.

O animal superior é uma confluência em que coexistem duas correntes: o apogeu do instinto e o despertar do sentimento.

PERGUNTA: - Como isso irá se refletir no estágio humano?

RESPOSTA: – O ser humano deu mais um salto de abertura do foco consciencial: nele foi desperto o corpo mental concreto, o intelecto, com todas as decorrências. É uma abertura imensa, quase um "arregalar" dos olhos da alma, da mônada.

Agora ele vai exercitar o livre-arbítrio – esse longo curso que vai levá-lo da penumbra da caverna para as fímbrias da angelitude futura.

E agora, a sua programação e desafio se constituem numa desconstrução do instinto.

PERGUNTA: - Como assim? Então foi inútil todo o processo anterior de sua construção?

RESPOSTA: – Não, em absoluto. As aquisições do instinto ficam sedimentadas nos automatismos indispensáveis à vida. O instinto de conservação, de defesa, de alimentação, de proteção à prole, ficam automatizados, como ficaram nas células componentes do corpo humano os processos adquiridos pelos animais unicelulares. É como se todas as operações básicas de manutenção da vida fossem, no ser humano, "terceirizadas" ou atribuídas a uma inteligência artificial – o gênio corporal que se encarrega de sua conservação, para que a inteligência possa agora dedicar-se às novas aquisições da consciência que se abrem para o indivíduo humano.

Contudo, agora vai se instalar uma luta permanente, de longa duração, entre a reação instintiva e a reação racional. Entre o que grita o instinto e o que sussurra o intelecto. O egoísmo – esse espectro demonizado pelos religiosos – não é um "pecado": é simplesmente a permanência, indevida agora, do automatismo do instinto animal querendo ditar os comportamentos do ser humano.

Diante de uma presa, de uma perspectiva de alimento, o animal não titubeia, nem pode: "é meu, e não o cederei a ninguém". Diante do instinto reprodutivo, ele luta ferozmente pela escolha da fêmea: "vou possuí-la a qualquer custo". Diante de um território de caça e domínio, ele é taxativo: "aqui domino eu, e ninguém mais". Isso, ao nível animal, é legítimo e necessário, porque ele está construindo a sua consciência do eu separado, que é sua programação.

Esse instinto egocentrado, que é bom e necessário no animal, ao nível humano torna-se um estorvo, uma barreira a ser superada. O egoísmo – a predominância do eu em detrimento do outro, do nós, a qualquer custo e ignorando os sentimentos desse outro – nada mais é do que a permanência de um modelo antigo, a ser superado para permitir que se realize a programação prevista para o indivíduo humano: a ampliação de consciência que permite à Luz Interna expandir-se mais largamente, entreabrindo para a consciência da mônada a noção da Unidade essencial do Universo, naquele estágio de consciência que se denomina amor.

Com ele, com a sintonia nesse nível de consciência que significa a aproximação e fusão com outras consciências, em níveis cada vez mais avançados, vem o início daquilo que se pode chamar de "retorno à casa do Pai". O filho pródigo da extraordinária parábola de Jesus é a mônada que "deixou" a sua origem divina – "separou-se" dela – para ir peregrinar pelos mundos exteriores. Depois de muitas lutas e esforços, de muita decepção e cansaço, finalmente um dia se "recorda da casa paterna" e decide a ela retornar: é a criatura que se dá conta de que os instantes de felicidade que experimenta ao amar – inefável sentimento de prazer supremo e plenitude – são a sua herança. Então vai conseguindo se apropriar dela, integrar-se cada vez mais a essa condição de felicidade que só dela depende. Aos poucos, descobre que a vaga e persistente sensação de vazio e tédio existencial, de difusa infelicidade e limitação, só podem encontrar remédio nesse elixir único e singular – a unidade com o outro, o que se costuma chamar de amor. É o caminho de retorno à casa do Pai – à consciência da Unidade finalmente descoberta, agora em plena consciência e autonomia.

As algemas interiores que impedem a criatura humana de identificar-se com essa sua herança essencial, que vem do berço monádico, de sua própria essência de filho da Luz Eterna, são exatamente a persistência do instinto – do egoísmo, com todas as suas modalidades. Essa é a herança ou automatismo animal que foi necessário a seu tempo, e agora é como um estorvo, uma limitação de que tem que desprender-se – tal como certa vez teve que abandonar a pelagem dos hominídeos, que era uma proteção no frio na caverna, mas se tornou dispensável ao homem senhor do fogo.

Essa "pelagem emocional" cavernícola, o egoísmo feroz, vai se tornando desnecessária quando a criatura aprende a aquecer a própria alma no calor irradiado da luz interna, quando aprende a acendê-la, no processo a que se denomina "amar".

Esta é a transmutação oculta, a alquimia da alma, a transformação do chumbo em ouro, o "novo nascimento" a que aludem os textos da Sabedoria Oculta dispersos no planeta desde a remota Antiguidade.

PERGUNTA: - Mas sem dúvida é árdua ao extremo, penosa e quase impossível às vezes essa substituição do instinto, ou dos instintos; por quê?

RESPOSTA: – Porque eles, como hábitos já gravados fundamente no psiquismo, foram naturalizados por evos incontáveis como bons e necessários; são como um programa de computação que se desenrola automaticamente na presença das situações para as quais foi criado. Apenas, trata-se agora de um programa obsoleto que não atende as novas necessidades e anseios da alma que despertou. Então desencadeia-se um processo de "luta interior" em que a lucidez vai guiando a criatura a escolher, cada vez com mais consciência e adequação, atitudes "melhores", "superiores" ou "mais evoluídas", conforme a nomenclatura religiosa.

Entretanto, é difícil e doloroso o desprender-se em definitivo desses hábitos milenares que se cristalizaram na consciência, parecendo ser partes dela própria, algo tão familiar e confortável como a família consanguínea.

Outro não é o significado daquele simbolismo representado pela sabedoria antiga no *Baghavad Gita,*[14] em que Arjuna, simbolizando a alma humana que está se iniciando no conhecimento da Verdade, se vê desafiado para uma batalha contra um "exército" inimigo. Desalentado e sem ânimo para combater, Arjuna se vê incapaz de lutar com eles porque, como verifica, são seus "parentes": "pais e filhos, irmão, cunhado, avós e netos...". Sente-se incapaz de exterminá-los. "Não vejo nada de bom em matar os meus parentes e companheiros", alega. E acrescenta: "Se eu matar os meus consanguíneos, que felicidade ou gozo poderia me alegrar?" É o lamento humano que não deseja extinguir as suas fontes de alegria e prazer, as realizações do egoísmo, do orgulho e todo o cortejo de instintos atendidos, temendo com isso ficar vazio de qualquer satisfação.

Esse "exército" numeroso e aguerrido, que a alma é chamada a enfrentar, é o conjunto de todos os impulsos do automatismo ancestral, animal, que deve ser vencido gradativamente pela alma que anseia prosseguir na senda da libertação. Então, Krishna, que significa a sabedoria da Divindade, começa a instruir Arjuna, a alma que desperta, mostrando-lhe que não há outra solução senão combater esse "exército" que o deseja suplantar, e define: "O combate justo honra o guer-

[14] *Baghavad Gita*. Trad. de Francisco Waldomiro Lorenz. Ed. Pensamento.

reiro e abre-lhe a porta do céu". No simbolismo do velho texto fica clara a única via de obtenção desse "céu", a felicidade e a realização interior: é combater com sabedoria, sem desesperar-se porém, esses ancestrais impulsos, tão familiares e confortáveis, tão amados e próximos como seres queridos, automatizados no psiquismo, substituindo-os por novos moldes, os do homem desperto e buscador da libertação.

8
O MESTRE E OS MESTRES

PERGUNTA: - O espiritismo - nesse ponto reproduzindo a teologia católica e a protestante - reconhece apenas, sob o título de Mestre, o Sublime Nazareno. Entretanto, correntes reencarnacionistas, notadamente o hinduísmo, a teosofia, a ioga etc., falam nos Mestres. Como entender a discrepância?

RESPOSTA – O Mestre, ou guru, é uma figura tipicamente oriental, decorrente de uma visão que contempla a totalidade do panorama evolutivo, com seus múltiplos estágios.

Quem se habituou milenarmente a entender a existência como um processo infinito, em que as encarnações significam estágios de aperfeiçoamento no rumo da realização final – o encontro com o divino em nós – tem que admitir por consequência lógica uma sucessão de graus evolutivos, de níveis de consciência crescentes, no rumo dessa autorrealização.

Os orientais, em particular os hindus, sempre souberam que a divindade mora no ser humano. E que o objetivo da vida, das muitas vidas, é despertar a consciência dessa divindade interna. A própria saudação "Namastê" ("Deus em mim saúda Deus em ti"), hoje tão difundida e que sempre foi comum na Índia, aponta para a naturalidade com que essa noção faz parte da vivência dos hinduístas.

Portanto, se todos são potencialmente divinos e se acham em processo de despertamento dessa divindade interior, nada mais coerente que reconhecer que alguns já tenham chegado ao topo da caminhada. Esses, que já despertaram em si a consciência do Eu Superior, são chamados de Mestres ou gurus e estão aptos a auxiliar seus irmãos que vêm atrás a escalar também a montanha do conhecimento.

Eis por que no hinduísmo e outras doutrinas orientais é natural a noção da existência dos Mestres. Só quem sabe que existe o caminho pode concluir que há caminhantes que atingiram o final dele. Um final relativo, um patamar evolutivo, porquanto além desse ponto a estrada continua para o infinito.

PERGUNTA: - Mas o cristianismo, ou antes, o catolicismo e o protestantismo, não entendem dessa forma o "vós sois deuses" enunciado por Jesus. Por quê?

RESPOSTA – Se fosse centralizada nessas doutrinas, como é nas do Oriente, a clara concepção de que o ser humano é um "deusinho em miniatura", em processo e com o destino indesviável de realizar plenamente essa divindade, como ficaria o conceito do "pecado original", que precisa ser neutralizado pelas práticas teológicas da Igreja, ou lavado na água do batismo católico e protestante, com o aval do sangue de Jesus?

Se a criatura for reconhecida como natural e essencialmente divina, como um diamante que apenas precisa ser lapidado para revelar seu brilho interior, ela será candidata lógica à perfeição intrínseca que já traz consigo. Não necessitará de barganhas com a Divindade, nem de "banhar-se no sangue de Jesus" que garantirá a "salvação" do indivíduo e o seu passaporte para o céu – não necessariamente para a perfeição, já que não se tem notícia de cidadãos desencarnando com essa destinação, após uma única existência, como admitido pelos cristãos.

Em consequência, a ênfase na condição de "pecador" do ser humano é tão conveniente para a existência e a prosperidade dos cleros cristãos quanto a das "doenças" para os laboratórios farmacêuticos e a prosperidade destes. A intervenção providencial das igrejas é a garantia do "resgate" das criaturas das garras do pecado original, esse defeito de fábrica que estigmatiza toda a humanidade.

Portanto, que perspectiva de atingir a iluminação, que é a aproximação maior da Consciência Cósmica, resta para as criaturas submetidas a essas crenças tradicionais que engessaram o ensinamento sublime do Mestre Nazareno? Este subsistiu em poucas frestas como o "vós sois deuses", que os adulteradores do texto evangélico deixaram passar desavisadamente.

Já é tempo de desprender a consciência humana da estreiteza conceitual a que as organizações religiosas a acostumaram, e resgatar em sua plenitude o ensinamento libertador do Nazareno, que não se limita à pequenez em que o imprensaram os interesses humanos.

PERGUNTA: - Mas a concepção de Jesus como o único ser perfeito - aliás, o próprio Deus encarnado, para os católicos e protestantes -, portanto o único "Mestre", não significa o reconhecimento da hierarquia superior desse Espírito, que os espíritas reconhecem como o Governador espiritual do planeta?

RESPOSTA – Jesus nunca se declarou "perfeito", e muito menos se arrogou a condição de espírito único privilegiado e inimitável dentro do Cosmo.[15]

Ao contrário, a Sua missão salvadora visava a libertar o homem de sua própria cegueira, para fazê-lo ascender mais rapidamente à condição de ser consciente da própria perfeição. Eis por que o Divino Rabi preconizou claramente: "Sede perfeitos, como perfeito é vosso Pai que está nos Céus".

Essa diretriz implica o reconhecimento da perfeição potencial do ser humano, da divindade que o habita. Caso contrário, Jesus teria dito: "Melhorai-vos", e não "Sede perfeitos" ...

Mas a ênfase das religiões cristãs nunca foi a perfeição, o atingimento dessa perfeição no mundo material, porque seres potencialmente perfeitos e perfectíveis por esforço próprio não necessitam de práticas, rituais, sacramentos, purificações e prescrições religiosas de qualquer tipo – que tomam o lugar do "caminho interno" que realmente conduz à libertação.

Daí o fato de conservarem a figura de Jesus numa cate-

---

[15] Aliás, Ele próprio declarou: "Vós também fareis as obras que eu faço, e as fareis maiores do que estas, porque eu vou para meu Pai", sinalizando que potencialmente seus seguidores detinham o mesmo poder interno que Ele.

goria de "divindade única", totalmente aparte dos homens imperfeitos e pecadores, que jamais atingirão o seu *status* cósmico. Ele não constitui um ideal a ser atingido, mas tão somente uma divindade a ser adorada.

O espiritismo quebrou esse conceito milenar do "homem pecador em essência" e instaurou para as grandes massas a concepção arejada da evolução, infelizmente ainda não assimilada plenamente, em todas as suas implicações, pelo grande contingente dos seguidores de Kardec. (Haja vista, por exemplo, o solene desconhecimento das espécies animais como irmãos menores e precursores do homem, que é a consequência lógica do ensinamento dos espíritos sobre a cadeia evolutiva).

PERGUNTA: - Mas a hierarquia espiritual de Mestres e o conceito espírita menos hierarquizado não apresentam um conflito ou discrepância?

RESPOSTA – Mera questão de palavras e de conceitos pouco desenvolvidos pelos adeptos do espiritismo. Basta raciocinardes: Kardec, ao enunciar claramente a lei evolutiva apontada pelos espíritos, e descortinar para o ser humano o destino indesviável de atingir essa perfeição, denominou os seres libertos em definitivo do ciclo das encarnações de "espíritos puros", conforme o ensinamento do Alto. É óbvio que se trata daqueles que já adquiriram um estado de consciência muito amplo, muito mais próximo da Consciência Cósmica, e que lá chegaram por mérito e iniciativa próprios – alunos pós-graduados da Escola da Vida. Como preferis denominá-los: Espíritos Puros ou Mestres? Podeis escolher.

Os orientais têm preferido o termo Mestres – aqueles que podem ensinar; por coincidência, um termo que se emprega no Ocidente para um grau acadêmico superior, de pós-graduação.

O conceito é o mesmo: espíritos que já concluíram o currículo integral da humanidade e mais além, portanto aptos a instruir alunos ainda nos graus inferiores da Escola da Vida...

PERGUNTA: - Mas como ficaria a figura de Jesus no contexto evolutivo e dentro da hierarquia planetária, em face da existência dos Mestres do orientalismo? Há uma contradição ou lacuna dentro da Doutrina Espírita no tocante a isso?

RESPOSTA – Os espíritos que atingem o grau de Mestre, em vosso planeta, passam a compor a elevada hierarquia conhecida no Oriente como a Fraternidade Branca. Podeis dar-lhe a denominação que preferirdes: trata-se do conjunto das almas libertas do ciclo reencarnatório, que passam a colaborar na evolução planetária como o corpo docente do planeta, nos planos internos.

É evidente que toda organização, seja uma escola, uma universidade, um planeta ou um sistema solar, necessita de uma direção, um responsável maior que a coordene, como o cérebro à organização celular do corpo.

O Ser que conheceis sob a denominação de Jesus de Nazaré exerce, no planeta Terra, essa função diretiva, e é o responsável maior por esta humanidade, a quem representa dentro do Sistema Solar e do Conselho Galáctico. É, como costuma ser dito pelos espíritas, o Governador Planetário.

Ele é oriundo de outro sistema solar, e assumiu o projeto planetário da Terra desde o início de sua formação. Seu grau evolutivo sideral é maior que o de Mestre. Ele é um anjo – só um deles pode ser responsável por uma humanidade.

Não existem mistérios nem incongruências no Cosmo. Os graus evolutivos dos seres criados se distribuem em degraus sucessivos – a famosa Escada de Jacó. A sucessão infinita desses níveis compõe a hierarquia da Criação. Do átomo ao arcanjo – que começou sendo átomo –, tudo se encadeia e progride rumo a um patamar maior.

Portanto Jesus, um anjo que comanda uma humanidade planetária, também evolui; e num futuro estágio, como no próximo Grande Plano do Universo ou *Manvantara*,[16] certamente virá a ser um Arcanjo ou Logos Planetário, isto é, a consciência diretora que materializa um planeta inteiro e o sustenta na Sua aura, como sublime dispensador da Luz Divina.

[16] Um Grande Plano engloba um período de manifestação criadora, com a fase expansiva – que teve início neste universo com o *Big Bang* – e a dilatação até um ponto máximo, e depois a fase de contração – o *Big Crunch* (Já uma hipótese da astrofísica). Foi, desde tempos imemoriais, simbolizado pelos hinduístas no *Manvantara* – a respiração de *Brahma*, com as fases de expiração e inspiração, respectivamente. E eles ainda vão mais além, incluindo o *Pralaya* – a fase de pausa entre dois *Manvantaras*... constituindo ambos o Dia e a Noite de *Brahma*.

O anjo, como já vos temos dito, ainda é passível de materializar-se, reencarnando em um corpo físico, embora com imenso e inimaginável sacrifício, como fez o Sublime Peregrino na Galileia.

Já o arcanjo ultrapassou qualquer possibilidade de revestir-se de um corpo físico humano. Seria como pretender colocar o oceano dentro de um copo d'água.

PERGUNTA: - Qual é a relação entre o grau evolutivo de Mestre e o de anjo? O que é um anjo, afinal?

RESPOSTA – O Mestre é aquele que atingiu o nível mais elevado da evolução humana.

É necessário ter em mente que a condição humana não constitui o ápice da escalada evolutiva nem é o suprassumo dentro do Cosmo. É apenas uma faixa evolutiva, em continuação à dos estágios mineral, vegetal, animal e elemental. Uma faixa marcante, pois é onde a centelha divina passa a ter livre-arbítrio, e a entender a própria existência da evolução e de sua caminhada voluntária no rumo da Consciência Cósmica.

O orgulho humano, que tudo dimensiona em seu favor e há pouco tempo ainda reduzia o Universo ao tamanho do seu planeta, costuma entronizar o ser humano como rei da Criação, tendo por consequência o seu descaso e crueldade para com as espécies anteriores e o desrespeito ao resto da Criação que o está levando a depredar o planeta. Uma visão estreita, antropocêntrica e limitadora, pois assim como o Universo se estende bem mais além de vosso quintal planetário, também a esplendorosa cadeia hierárquica do Cosmo se desdobra em faixas infinitas, que vão do anjo ao arcanjo ou Logos Planetário, e deste ao Logos Solar, dali ao Logos Constelatório, ao Logos Galáctico, e se perde no infinito.

Portanto, o que se costuma denominar de "anjo" é a consciência que atingiu uma outra faixa evolutiva subsequente à da evolução humana. Chamai-o como quiserdes. O que importa é o conceito claro de que se trata de um degrau de consciência, um nível de evolução acima do humano, do qual é a continuidade.

O progresso acadêmico de vossas universidades comporta os níveis de graduação, especialização, mestrado, doutorado e até pós-doutorado, em sucessão natural, e cada faixa possui características e prerrogativas próprias; assim, no Cosmo se desdobram níveis evolutivos bem marcados, que recém estais começando a entrever.

As denominações de anjo e arcanjo são tradicionais desde os tempos bíblicos para significar entidades muito acima da condição humana, emissários do Altíssimo que ocasionalmente intervêm na esfera humana. Muitos espíritos desencarnados de elevada e até de média evolução tem sido confundidos com anjos, ou assim denominados, quando em missão de auxílio ou esclarecimento junto à humanidade. A própria Bíblia é pródiga em anotar essas intervenções.

A denominação "anjo da guarda" da tradição católica, que corresponde à noção de "guia espiritual" do espiritismo, se apropria do termo para significar "espírito mais elevado que os humanos", embora os anjos da guarda ou guias não sejam exatamente anjos, na acepção técnica do termo, e sim espíritos de nível humano de maior ou menor graduação, como sabeis.

Mas o anjo, verdadeiramente, ocupa uma faixa evolutiva mais acima da humana e, portanto, do Mestre.

PERGUNTA: - Consequentemente, o arcanjo também configura uma outra faixa evolutiva, distinta daquela do anjo?

RESPOSTA – Sim, exatamente.

Um anjo, como Jesus, pode, entre outras coisas, assumir o encargo de condutor de uma humanidade planetária. Sua consciência expandida, plena de amor e sabedoria, é sensível às necessidades e anseios de todo um conjunto humano que se propôs a amparar, dinamizando seu impulso de crescimento no rumo da Casa do Pai. É verdadeiramente o Instrutor do Mundo da nomenclatura teosófica.

O arcanjo, porém, é consciência situada em largo salto evolutivo à frente. A sua dimensão consciencial é difícil de ser configurada por vós. Uma distância abissal o separa das faixas angélicas de consciência. A sua condição sideral é a de sustentáculo de um mundo planetário.

Vosso planeta e todos os demais foram materializados e

são mantidos energeticamente por esses poderosos dispensadores da energia cósmica que se denominam Arcanjos ou Logos Planetários. Vosso planeta Terra trafega dentro do Cosmo envolto na aura luminosa de seu Logos, que alimenta e mantém a coesão molecular de todas as consciências abrigadas no Seu manto, do humilde verme que areja o solo até os grandes Mestres da Fraternidade Branca.

A Ele é que Jesus se referia ao enunciar: "Eu e o Pai somos um", e "Minha missão é fazer a vontade de Meu Pai que está nos Céus". O Divino Nazareno foi o canal mais perfeito, o mensageiro mais límpido do Logos descido a este mundo. Foi também o condutor vivo da Luz Crística do Logos terrestre.

Quando de sua partida no calvário, transcendental operação oculta de energia se processou no orbe terrestre. A luz interna do Logos se expandiu, conduzida pelo fio-terra sublime da figura do Mestre, e impregnou-se substancialmente na aura da humanidade. Desde então, dinamizada pelos valores de seu evangelho, e pelo seu exemplo de teor angelical, a humanidade desde planeta, mau grado seu, evoluiu mais em consciência coletiva, em dois mil anos, que em todos os milênios anteriores.

PERGUNTA: - O nosso Sol também representa uma consciência de arcanjo?

RESPOSTA – As estrelas ou sóis representam novo salto evolutivo em relação aos Logos Planetários. A distância que separa um Logos Planetário de um Logos Solar é imensa. Trata-se de uma outra faixa hierárquica dentro do Cosmo, uma gradação de consciência superior, como é facilmente compreendido quando se vê que os sóis ou estrelas emitem luz própria, e os planetas a absorvem.

Os Logos Solares, ou Arcanjos, são poderosos condutores da Luz Cósmica do Criador, que lhes é transmitida, por sua vez, pelos Logos Galácticos. Essa Luz Criadora é responsável pela criação dos núcleos de consciência que irão animar átomos, e depois minerais, vegetais, animais, humanos e anjos.

A aura refulgente do Logos Solar abarca o sistema, e de Sua energia vivem e são alimentados não só os corpos físicos como todos os veículos dos entes que vivem no Seu regaço.

Assim como existe a expressão física do Sol – o Sol físico – existe um Sol astral para o plano astral, um Sol mental para o plano mental e assim por diante. Assim como temos os diversos veículos ou corpos, vosso sublime Logos Solar os tem igualmente, e dentro de Sua aura gigantesca, os diversos planos podem ser figurados como os veículos que O integram. Assim se entende a afirmação bíblica de que "Nele vivemos, nos movemos e temos o nosso ser".

9
PERSONALIDADES
A sintonia com vivências passadas dos atendidos

Nas lides apométricas tem se tornado comum denominar de incorporação de personalidades passadas ao fenômeno que consiste em sintonizar com vivências passadas dos atendidos. Os sensitivos, colocados em sintonia com os registros mentais do paciente, passam a exteriorizar o que parece uma verdadeira "entidade autônoma", tão "independente" como se fora quase um "outro ser", de uma coleção de "entidades" ligadas à pessoa – personalidades de outras vidas do paciente. Essas "entidades" então costumam ser objeto de um "tratamento" ou "doutrinação", algo similar ao aplicado a espíritos desencarnados em sessões espíritas. O objetivo seria o de curar mágoas, fixações, depressões, e demais desvios emocionais que estejam atrapalhando a existência atual, oriundos de saldos de outras existências.

O conceito de "personalidades", que tem sido útil em certa medida, quando se trata de vivências do passado reencarnatório, está a requerer um olhar mais aprofundado e coerente com a visão atemporal, que é a mais próxima da realidade espiritual. O mundo interno do ser humano se situa verdadeiramente nas dimensões além do tempo e do espaço, limitadores da visão. O que, sob a ótica do plano material, aparece sob um prisma – na realidade, limitado pelos "antolhos" da dimensão-matéria – adquire outra profundidade se contemplado das alturas da intemporalidade.

Em decorrência, faz-se necessário lembrar que o que se costuma chamar de "personalidades", no fundo, não existe. Cada uma assim chamada de "personalidade" anterior, em sua realidade derradeira, não passa de um "conjunto de memórias".

É como se a nossa consciência, embarcada em longa viagem de trem, contemplasse pela janela vários panoramas. Enquanto o trem atravessa diversas regiões, variam os cenários, os habitantes com seus trajes, o clima e a temperatura que o viajante experimenta. Ele capta sons diversos, aspira diferentes aromas. E ao término da jornada, havendo atravessado diversos países, pode identificar claramente as características de cada um: lembrar do frio ou calor que o acometeram, dos aromas que lhe impressionaram o olfato, do sabor das diversas iguarias típicas. Tudo, entretanto, foi cenário. Ele, o viajante, não foi "diversas pessoas" no decorrer da jornada. Foi apenas aquele que viu muitos cenários e experimentou variadas sensações que os sentidos lhe trouxeram.

Tudo isso se passou na periferia de sua sensibilidade. Nada se alterou intrinsecamente nele próprio. Só o que fica, ao término da viagem, é a ampliação de sua consciência pelas novas experiências dela advindas.

Se abstrairmos, da sucessão de nossas vivências, as saídas e entradas no trem a cada estação – isso a que chamamos bem inadequadamente de "mortes" e "renascimentos" –, perceberemos, na jornada ininterrupta desse viajante eterno, o fluxo intemporal de nossa consciência.

Nessa sucessão de paisagens, não ocorre, em verdade, nenhuma modificação na individualidade ou na constituição do viajante. Ele – a consciência – não "é" várias pessoas em sucessão. Ele é uma consciência interagindo com a paisagem em "momentos" contínuos – e acumulando "pacotes de memórias" registrados em sua Memória Imortal.

Esses "pacotes" se registram em "segmentos de vivências" emoldurados em "momentos de tempo" peculiares, o que é característico do mundo tridimensional, sujeito ao espaço-tempo. Como se fossem segmentos de reta que compõem, enfileirados, uma reta infinita (a sua jornada sideral).

Na verdade, os segmentos que compõem a reta são fictícios – mero artifício para efeito de mensuração. O que existe na realidade é a reta sem fim, cujo princípio não alcançamos. As suas "porções" se unem em cadeia indivisível. Assim o fluxo de nossa consciência, na dimensão sem fim e sem hiatos de nosso existir no seio do Cosmo.

Afinal, o que caracteriza aquilo que se costuma denominar de "personalidade"? Um nome, um rosto, um corpo, hábitos e comportamentos aprendidos de um contexto familiar e social? Tudo isso é absolutamente superficial, irrelevante para caracterizar um "ente" separado. O ator não se confunde com os figurinos ou os maneirismos de seus personagens.

O que melhor descreveria a tônica de cada um desses "pacotes de memórias" é o estágio de miopia consciencial mais ou menos acentuado de cada estágio da jornada do viajante sideral. Ele passa de níveis altíssimos de cegueira consciencial a graus progressivamente melhores de enfoque visual. Todo o processo a que se chama de evolução, no recesso da consciência – a última e única realidade – é um processo de apercebimento, de abertura do olhar.

A onisciência é o estágio de uma consciência que adquiriu o foco perfeito. E toda "imperfeição" é um estágio desfocado do olhar da alma.

Quando dizemos estar sintonizando com uma personalidade do passado, o que realmente ocorre é que retroagimos nossa consciência para um segmento de nossa memória eterna, um segmento grampeado ao "tempo" desta dimensão física, balizado pelas datas do calendário terrestre – as etiquetas que ordenam as fitas de vídeo que o viajante registrou e guardou de sua jornada.

Esse viajante, de retorno à casa, pode, confortavelmente recostado em sua poltrona, reviver não só as paisagens, mas os odores, temperaturas, sabores. E, dessa forma, "reviver" trechos da viagem, localizando cada conjunto de lembranças com os rótulos de "o dia em que atravessei tal país" (ou tal existência). Pode convocar à vontade as lembranças, selecionando do banco de sua memória ora uma, ora outra. Pode inclusive reviver as emoções e sentimentos peculiares que experimentou em função dos estímulos recebidos aqui e ali. O desagrado de um sabor, a delícia de um aroma, o mal-estar com os ruídos de alguns passageiros, conversas agradáveis ou hostis que entreteve. Pode voltar ao primeiro dia da jornada, pular ao último, retornar a um intermediário – e reviver a seu gosto qualquer dos dias em que permaneceu no trem.

E durante o processo, mesmo vendo refletidos outra vez, no espelho da consciência, agrado ou repulsa, encantamento ou susto, tédio ou alegria, o viajante nada mais está fazendo que iluminar sucessivamente, e sob o comando da vontade, lembranças – segmentos de memória que ele retira da zona penumbrosa do olvido e aclara sob o holofote de sua consciência enfocada.

Portanto, é de bom alvitre que as consciências vanguardistas deste "momento temporal" planetário busquem algo mais que a já consagrada teoria das "vidas sucessivas" – útil denominação em seu tempo, mas já com a vida útil proveitosa chegando a um término.

É importante e essencial para a alteração consciencial – o salto quântico que se prenuncia para o milênio vindouro desta humanidade – que se corrija o enfoque "segmentado" que até agora, por razões didáticas, se imprimiu vigorosamente à noção das "reencarnações". Em vez de volumes sucessivos acumulados numa biblioteca, como entidades autônomas limitadas por capas e páginas, é mais autêntico pensar nelas como esses "pacotes de memórias" – registradas, sem suporte material, na memória central dos viajores eternos.

Um dia, quando a miopia do olhar da alma descer a quase zero, e a consciência ampliada puder transitar com desenvoltura nas dimensões atemporais onde conquistou o direito de residir, liberta do ciclo de "entradas e saídas" nos vagões dos mundos materiais, ela terá adquirido paralelamente o acesso à totalidade de sua memória sideral. Então, o fluxo de sua consciência será a extensão da reta infinita, sem barreiras nem hiatos de percepção. Já estará notavelmente mais próxima, então, da amplitude a que se chama onisciência – ou seja, o ponto que se expande na direção da circunferência, que é a consciência cósmica do Criador.

As fictícias entidades a que se tem denominado "personalidades", que vêm sendo deitadas na mesa de dissecação das investigações psíquicas, em sondagens mais ou menos eficazes em busca das patologias espirituais que fazem sofrer as criaturas, já não têm necessidade de persistir como conceitos rígidos. As criaturas são feixes de consciência mergulhados na ilusão do tempo e encarcerados por si próprios atrás das grades do espaço.

Se quisermos sondar com proveito esses registros, essas gravações de memória apelidadas de personalidades, é mais adequado, em vez do velho bisturi anatômico, investigando corpos passados, com muitas faces, imaginarmos como instrumental o raio laser que lê os sulcos invisíveis de um CD, que nos devolve o som de vozes registradas há décadas. O cantor pode ter, ao longo do tempo, mudado o repertório, a interpretação e a afinação, mas em toda sua coleção de gravações a voz permanece a mesma, identificando a sua "assinatura cósmica" individual e inconfundível.

Só existe uma realidade, que subjaz à ilusória fragmentação que encadeia, como contas de um colar, as diversas "máscaras" de uso multimilenar do espírito: é a consciência, esta sim, a viajora intemporal. Esse "feixe de consciência" que focaliza ora um, ora outro dos "conjuntos de memórias" dela própria, como o feixe de laser passando de uma a outra faixa do disco.

Já se vê que nada seria mais impróprio ou irreal que entender uma "personalidade" de alguém "incorporada" num médium para ser "tratada" de uma visão inadequada. Seria o mesmo que alegarmos que, para evocar a um amigo o encanto que nos causou um aroma de flor, deveríamos enxertar nele nosso próprio nariz.

Ondas de pensamento viajam de mente a mente – e elas são o veículo das ideações que compõem as memórias. Elas podem ser captadas de uma para outra mente, desde que a sintonia na frequência adequada se estabeleça.

É por oscilações de frequência que se localiza o "endereço" de nossas memórias no vasto holograma de nossa consciência. Se oferecermos a um sensitivo o endereço do *site* onde se hospedam determinadas memórias e o convidarmos a visitá-lo, ele pode ler – e reproduzir – o conteúdo. Todas as frustrações, limitações e equívocos conscienciais – a miopia da alma – que experimentamos ao "gravar" indelevelmente aquele conjunto de memórias, pode ser "lido" e transmitido pelo alto-falante em que se transforma o sensitivo. Trata-se de recurso didático, operacional: como se um computador estivesse com o monitor desarranjado, e o conteúdo de sua memória fosse repassado a outro, cujo monitor, então, em melhores condições, fornecesse a leitura adequada para melhor interpretação – e correção – dos conteúdos. É o que se passa, em analogia, com a recepção desses conjuntos de memórias do passado do atendido pela mente do sensitivo, mais equilibrada, para fins de tratamento espiritual daquele.

Como todas as mentes se acham mergulhadas – ou melhor, operam – no tecido transcendental do corpo mental planetário, que funciona como um condutor, é natural a possibilidade dessa conexão mente a mente.

As memórias evocadas nesses procedimentos e retransmitidas pelo sensitivo são os registros efetivos dos segmentos de memória do paciente – não "personalidades" dele, o que efetivamente não existe, no sentido de "entidades separadas ou separáveis" dele mesmo. A consciência eterna é una e indivisível.

A retransmissão, naturalmente, vai adquirir o tom peculiar do instrumento mediúnico, como a voz enclausurada no CD será reproduzida com a sonoridade mais ou menos fiel e límpida de acordo com o equipamento reprodutor do som.

10
A CONSTRUÇÃO DA CONSCIÊNCIA

> No Universo tudo obedece a um processo de ciência cósmica.
>
> Ramatís – *Elucidações do Além*

PERGUNTA: - Em que consiste, na verdade, o que chamamos de consciência? Até para os compêndios psicológicos do mundo ela ainda não se definiu exatamente...

RESPOSTA – Somente após a introdução, na época atual, do conceito moderno de evolução, ficamos habilitados a compreender, ainda que de forma incipiente, o processo de formação daquilo que tem o nome de consciência nos compêndios humanos.

A consciência, tal como a entendemos ao nível humano, não é uma entidade pronta e acabada, mas um processo. Processo que se desenrola desde a noite dos tempos, no presente universo, e se estenderá por inimaginável amplitude energético-espiritual, no rumo daquilo que denominamos habitualmente de "Consciência Cósmica".

Como tudo no universo criado, há um ritmo ou pulsação nesse processo – uma espécie de sístole/diástole que corresponde à pulsação contrativa/expansiva do organismo universal.[17] Em todos os níveis da Criação, isso se reflete em mi-

[17] A qual resulta nos grandes períodos cósmicos de criação/dissolução, conhecidos como *manvantaras* na filosofia hindu.

ríades de processos menores – como a luz solar refletida em pequeninos sóis em todas as gotas de orvalho.

PERGUNTA: - Onde se situa a origem da consciência, afinal? Como se dá a sua "criação"?

RESPOSTA – A primeira etapa desse processo, a grande sístole ou contração cósmica, é a de formação da "consciência individual separada", a mônada.

Sua origem se perde nos degraus dimensionais de onde a centelha divina "desceu" para ser "plantada" nos mundos da forma. Nessa descida – simbolizada pela famosa "expulsão do paraíso" –, a centelha da Unidade, do Grande Sol Divino, foi se "revestindo" (numa pálida e insuficiente imagem) do germe formador dos quatro veículos futuros – os corpos físico denso, etérico, astral e mental concreto.

Ao alcançar finalmente o nível máximo de condensação energética deste universo, fica pronta para iniciar o processo em sua primeira fase – a focalização em um ponto chamado de consciência individual separada.

PERGUNTA: - Como ela chega a isso?

RESPOSTA – A residência da centelha divina em formas pedagógicas denominadas minerais, vegetais e animais significa o treinamento adequado para conduzi-la à noção de "existir separadamente", através de experiências graduais, previstas pela pedagogia sideral dos construtores do Universo.[18]

Primeiramente, é preciso aprender a construir um corpo denso, cuja superfície significa um limite entre o "eu" e o "não-eu". Os entes minerais significam essa experiência: o primeiro "ano letivo" para as iniciantes "futuras consciências individuais".

Futuramente, residindo em formas do reino vegetal, as aprendizes de consciência habilitam-se a manejar a relação de troca com o "mundo exterior". Essa etapa é marcante no roteiro de construção consciencial, porque o processo de troca do "eu" com o "não-eu" representa o recurso técnico mais importante no roteiro da arquitetura da consciência. A possibi-

[18] As grandes inteligências resultantes de *manvantaras* anteriores, que agora programam e supervisionam os processos de novos universos criados, como escolas para suas irmãs, as novas centelhas matriculadas no educandário sideral.

lidade de detectar os estímulos "externos" e reagir a eles – a sensibilidade – é outra ferramenta que se forja nessa etapa do treinamento. Não é demasiado lembrar que tudo isso se torna possível em razão da entrada em funcionamento do corpo etérico (cuja marca registrada é o crescimento; são as trocas energéticas com o meio). Ele é o instrumento que propicia à centelha essas aquisições. O vegetal "sente" o que se passa a seu redor: reage à luz, à sombra, à umidade; sente até mesmo as vibrações energéticas dos que lidam com ele.

Sensação e crescimento são as novas aquisições da consciência matriculada na classe dos vegetais.

PERGUNTA: - Qual a aquisição que caracteriza o estágio animal das consciências?

RESPOSTA – A matrícula na classe animal oportuniza uma nova habilidade: a condição de agir ativamente sobre o meio, modificando-o.

Aqui se potencializam os confrontos entre o "eu" e o "não-eu". Ativados pelo instinto de sobrevivência, os embates altamente instrutivos entre os organismos vão sedimentando nas consciências embrionárias a noção do "eu". Ao defender-se, lutar pela presa, a fêmea ou a prole, a consciência nascente começa a estruturar lenta, mas firmemente, a sua noção de "eu separado". Distanciando-se lentamente da tutela dos devas ao seu "grupo de almas", é graças a esse movimento centrípeto, de concentração no interior, no ponto focal do "eu", que vão se definindo os contornos incertos de uma consciência individual.

Colocar o próprio "eu" sempre em prioridade diante de todas as outras formas de vida – o que nos parece a essência do famigerado "egoísmo" – nada mais é que ferramenta indispensável da oficina eterna das consciências, e significou a lição precípua dos alunos nessa classe do "jardim da infância". Importante lembrar que é na tela interior do corpo astral, o qual nesse nível – animal – é despertado, que se processa a intensa troca de imagens/energias que qualificamos de emoções. Estas significam os instrumentos, ou programas de despertamento e construção próprios dessa etapa de aprendizado. Eles terão seguimento na etapa imediatamente posterior, em que animarão os chamados espíritos da natureza.

Portanto, ao final do curso "animal", no corpo astral já bem trabalhado pelas emoções (um outro nome do instinto), nas espécies superiores já desabrocha o germe do sentimento, essa característica dos níveis mais altos do astral, que vai sensibilizando esse corpo, tornando-o mais maleável e preparando-o para vir a expressar lentamente a Luz interna de *buddhi*, em manifestações sutis – no que se costuma chamar de amor. O corpo astral é o veículo não só das emoções como do sentimento, e é o seu funcionamento dinâmico a lição a ser aprendida no longo curso da animalidade, junto com o delineamento de uma incipiente consciência individual.

PERGUNTA: - Como se dá essa transição da inconsciência para a autoconsciência?

RESPOSTA – Quando o caudal de energias psíquicas atinge uma concentração adequada, centrado no fulcro do "eu", um núcleo consciencial acha-se preparado para se emancipar da tutela dévica e do grupo que dedicadamente o trouxe "pela mão" até ali. Como a criança que concluiu o jardim da infância e corajosamente se dirige, sem a mão dos pais, para o primeiro dia de aula no curso elementar, os titubeantes núcleos de consciência individuais – os novos egos autoconscientes que irão animar corpos humanos – mergulham agora na corrente da vida evolucionante dotados de um certificado de autonomia infinitamente mais amplo que o de seus colegas menores: o livre-arbítrio. Isso resulta da entrada em funcionamento do corpo mental concreto. Essa etapa é a que com mais propriedade se simboliza na imagem da "expulsão do paraíso", que aqui representa a inconsciência anterior.[19]

[19] A "árvore do conhecimento do Bem e do Mal" é constituída pelo cérebro humano (órgão da mente) representando a copa, e a medula figurando o caule – o que reproduz a forma simbólica da árvore. O "fruto" dessa árvore é o pensamento – o que habilita o ser humano a "conhecer a realidade", a "dar-se conta de si mesmo". "Comer o fruto da árvore do Conhecimento" é sinônimo, portanto, de *pensar*. A partir desse momento, a tranquila inserção no mundo natural, no regaço do Grande Mãe, é substituída pela autoconsciência que se descobre "separada", "expulsa" do "regaço protetor" onde crescia inconsciente – é a "expulsão do paraíso" em sua legítima expressão. Interessante lembrar que a energia catalizadora desse salto de nível é *kundalini* – a energia criadora, o "fogo serpentino", figurada na velha serpente bíblica do Éden. A sua atuação, quando adequada-

Aqui é que, pela primeira vez, a centelha – agora revestida dos quatro veículos que possui em plena atuação (físico, etérico, astral e mental concreto) – irá abrir os olhos, por assim dizer, e exclamar pela vez primeira "eu existo", "o meu eu"; e qualificar o mundo "exterior" de não-eu ou "os outros". Como a criança que orgulhosamente descobre suas capacidades de aprender e produzir sozinha na primeira série, recusando enfaticamente o auxílio dos pais, os pequenos núcleos de consciência de grau primário se embriagam com a liberdade nova de saber, expandir-se e atuar (seu treinamento de onisciência, onipresença e onipotência).

PERGUNTA: - Essa significa então a máxima conquista, a abertura final, por assim dizer, da "lente" da consciência?

RESPOSTA – Atingiu-se aqui o ponto máximo de contração, na sístole ou movimento centrípeto (na direção do interior) da centelha: a focalização em um só ponto, por assim dizer – a dimensão do eu individual. É uma nova ferramenta a ser testada, um programa novo e amplo a ser executado em sua tela consciencial.

Mas eis que a divina dinâmica atuante no Universo precisa prosseguir. Esgotado o movimento máximo de contração ou sístole, a divina diástole se impõe.

A lente da consciência ainda precisa experimentar uma nova focalização, agora em sentido inverso.

À custa de infinitas execuções do programa "eu e meu ego", com suas variantes que chamamos de causa-e-efeito – nada mais que experiências que habilitam as centelhas a perceber e lidar com os limites do estágio egoico –, as centelhas que estagiam nesse nível começam a experimentar as limitações dele e sentir o divino impulso nuclear de transcendê-lo. Na verdade, é pelos sucessivos embates contra os "limites do eu", que trazem à consciência uma sensação de angústia, tédio, prisão, finitude, indefinível melancolia, como de ave aprisionada, que finalmente as centelhas se resolvem, em busca ansiosa, a tentar transcendê-lo. A sede de infinito impressa em sua programação original, não dando sossego às cente-

---

mente direcionada, sempre se dá no sentido de proporcionar as experiências de expansão de consciência, de crescimento no rumo da amplitude cósmica.

lhas estacionadas nos últimos níveis do estágio eu individual separado, é que irá produzir o impulso para ultrapassá-lo, prosseguindo na construção de novos níveis conscienciais.

PERGUNTA: - Em que consiste a nova mutação dinâmica que vai impelir a consciência, então?

RESPOSTA – É chegado o momento de iniciar a elaboração de uma nova "camada" ou dimensão da consciência, que se dará a partir de agora no sentido centrífugo, naquilo que denominamos de expansão. Os pontos de consciência individual agora estão habilitados ao movimento de ampliação no rumo da circunferência eterna – a Consciência Cósmica.

Esse movimento se dará numa espécie de inversão do processo anterior. Antes, era preciso "separar-se" do mundo, dos outros, do "não-eu", para construir o foco desse eu. Agora, todo o processo, ao contrário, resume-se em realizar conscientemente a fusão da consciência com o aparente "não-eu" – o mundo, vale dizer, as demais consciências.

Em outras palavras: a ampliação da consciência se dá através do processo de sintonia e fusão.

A bem da verdade, lembremos que – como sempre, na metodologia sideral – essa nova etapa já vinha raiando e sendo lentamente ensaiada desde o alvorecer da consciência humana individual. A divina dinâmica da centelha eterna, que dentro dela reside, já se expandia nessa direção, ainda que tateando no escuro, desde o dia letivo da caverna.

PERGUNTA: - Como se poderia dar isso desde a fase primitiva do ser humano?

RESPOSTA – O movimento na direção do outro, reflexo do impulso cósmico para a unidade, programado no íntimo de cada centelha, se traduz, ao nível humano, num movimento para aproximar-se, identificar-se e sintonizar com, fundir-se em, sentir-se uno com o outro.

Esse movimento automático, que vem do núcleo da consciência, de sua natureza divina, se traduz, nas fases primárias, pelo impulso de união com outros entes, primeiro através do instinto sexual simples, depois pelos meandros complexos do sentimento. Essa energia de busca de união, de fusão, é que vai conduzindo a consciência, a mônada, lenta e trabalhosamente, em infinitas vivências, para o estágio mais amplo de busca da Consciência Cósmica, da Unidade.

O cavernícola que busca instintivamente a companheira – fosse na penumbra da caverna ou ainda hoje em dia – representa a primeira fase do que irá se modular depois no amor materno/paterno, na amizade, no sentimento sublime a dois, na fraternidade universal.

PERGUNTA: - Qual é o efeito, na realidade profunda da consciência, desses contatos?

RESPOSTA – À medida que essa troca com o "outro", os "outros", se faz, o que efetivamente acontece é que os "limites consciênciais do ego" se rompem, como a superfície de bolhas de sabão que se sopra e crescem até rebentar. Ao romper-se, ou mais precisamente, se dilatarem, esses limites se expandem, e vão incluindo amplitudes conscienciais cada vez maiores. Como duas ou mais bolhas que se tocam e se fundem, formando uma bolha maior, e assim sucessivamente – em tosco exemplo. Aquilo a que se costuma chamar de felicidade é a resultante dessa união.

É assim que se dá o processo de expansão da consciência, em que se constrói uma nova realidade interna, atinge-se um novo estágio pedagógico no educandário sideral.

A esse processo e sua consequência têm sido aplicados vários nomes, como o de divinização, cristianização, iluminação, iniciação. Trata-se, em suma, da construção de nova amplitude da consciência, no rumo da consciência cósmica do Criador.

A técnica dessa construção, como vimos, constitui-se no movimento de unificação com outros núcleos de consciência e com a totalidade da consciência do Universo. Quando efetivamente atingida, oferece de imediato a sensação inefável de "felicidade", "plenitude", e outros termos que têm sido empregados para simbolizar o movimento efetivo no sentido da unidade, que é a dinâmica essencial do Cosmo, em seu estágio de expansão ou diástole consciencial.

PERGUNTA: - O que significa realmente esse impulso a

que chamamos de sexualidade, e por que motivo sua realização mesmo em níveis primitivos traz tanta satisfação?

RESPOSTA – Desde a caverna, repetimos, foi facultado à centelha-homem experimentar relances fugazes dessa expansão-felicidade da consciência. A programação que jaz no íntimo de cada uma a impulsionou desde sempre para a busca e a união com o semelhante.

A energia criadora, quando atua aproximando os seres, atraindo-os magneticamente para a união ao nível físico, já está a serviço desse movimento mais amplo e abrangente que comanda inapelavelmente a trajetória das consciências evolucionantes – o caminho no sentido da unidade.

Daí se compreende quão sábios foram os povos antigos que divinizaram o ato criador da vida física.[20] Intuitivamente entenderam a dinâmica divina desse movimento de diástole expansiva que comanda todos os núcleos de consciência criados no Universo, atraindo-os para a Consciência do Todo. E que começa, como todo processo pedagógico eficiente, pelos mais simples estágios. Na busca instintiva de união com o outro, com o universo que entende ainda "fora de si", as centelhas – como crianças de olhos vendados em busca do calor de uma fogueira que não enxergam, mas sentem – principiam a experimentar o processo pela "periferia" do próprio ser. No "limite último", o veículo físico, que aprenderam a construir como âncora do eu individual separado e que carrega em si, por assim dizer, a "consciência mineral". A ela se agrega a "consciência vegetal" armazenada no corpo etérico, e é graças a sua atuação, pela rede de incontáveis chacras, que se processa a troca energética invisível, mas muito real, que acompanha todo ato de união física.

PERGUNTA: - Essa então é a razão oculta para o prazer físico que acompanha os seres, desde a etapa animal, mas expandindo-se, até descontroladamente, ao nível humano?

RESPOSTA: – O homem da caverna – ou o cavernícola moderno, despido dos pelos, mas não da rudeza daquele – não suspeitaria que o prazer sensório buscado na união com

---

[20] A ponto de, como os hindus, o reverenciarem estilizando-o nas fachadas de seus templos (N. da médium)

a companheira peluda (que, hoje, apenas se reveste "esteticamente" com peles ornamentais, num saudosismo talvez da roupagem hirsuta dos hominídeos ancestrais) fosse um processo técnico de expansão de consciência em seus estágios iniciais. Tampouco teria – como ainda não tem – noção de que a euforia que experimenta com essa união visível de corpos resulta em verdade da troca energética invisível realizada pelo intercâmbio dos chacras etéricos.

Esse primeiro ensaio de fusão imponderável – como o rascunho impreciso do divino *samadhi* do futuro –, em que pese a sua ainda limitada expressão, circunscrita ao campo fisio-etérico e realizada como que no escuro ou na inconsciência, traz, contudo, o germe da euforia cósmica que acompanhará um dia o mergulho na consciência divina.

Seria de bom alvitre, pois, que as centelhas mais "conscientes" principiassem a avaliar o ato da união física (com todos os seus equívocos e confusões, como os rabiscos incipientes das crianças iniciando o comando do lápis) com outro critério, mais aproximado ao dos Pedagogos Siderais que o programaram e supervisionam.

Trata-se de um recurso técnico, uma ferramenta a serviço da construção da consciência – um programa para "tirar a consciência egocêntrica – ego-centrada – de dentro de si". Basta lembrar, para confirmá-lo, que a energia básica em ação ali é a força criadora do Universo, a divina *kundalini*, a Mãe do Mundo (Mesmo que os oficiantes desse rito esqueçam de oferecer à Divina Mãe a reverência devida diante de seu altar. Mas, como toda mãe, sua indulgência não deixa de lhes conferir sua dádiva de alegria e vida).

PERGUNTA: - A troca energética então se dá ao nível do duplo-etérico? E permanece sempre assim?

RESPOSTA – À medida que as centelhas aprendem a funcionar em outros níveis energéticos – os corpos mais dinâmicos, com suas sucessivas frequências vibratórias –, o processo de sintonia com o outro e com o Todo se aprimora e intensifica.

Quando a sintonia inclui o nível do sentimento – vibrando os níveis superiores do corpo astral –, aprofunda-se de forma sensível a intensidade do processo. Novas conexões vão sendo produzidas na rede energética desse corpo, o que vai permitindo, com a repetição e ampliação da frequência do "sentimento", que as trocas energéticas entre as centelhas envolvam também os chacras superiores. Isso resulta em um coeficiente maior de euforia para a centelha – consequência de uma aproximação maior com a consciência da unidade. A delicadeza do sentimento, que se amplia em generosidade, sutileza, autodoação, amplia de forma incomensurável a consciência e a sua felicidade.

À medida que a união física se transcendentaliza, por assim dizer, é como se fora a água de um regato da planície, de onde inicialmente se retira o líquido de mistura com terra, detritos, dejetos animais; mas à medida que se vai escalando o curso da corrente, vai-se encontrando água cada vez mais pura, até atingir no alto da montanha uma nascente cristalina, puríssima, da mais absoluta leveza e onde a energia da Mãe Terra é perceptível em sua mais sutil expressão, apta a alimentar até nosso espírito.

E assim, a consciência vai estendendo as suas pontes de unidade em todas as direções, construindo trocas que vão incluindo cada vez maior número de seres e até a humanidade como um todo.

Lembremos que esse estágio costuma denominar-se, na literatura religiosa e doutrinária do planeta, de "amar o próximo". A tendência então é que o ritmo do aprendizado ou da construção da consciência se acelere.

PERGUNTA: - E por que motivo se dá essa aceleração?

RESPOSTA – Primeiro, porque o "órgão" ou instrumento específico posto em ação, o chacra cardíaco, começa a induzir as vibrações daquilo que se costuma qualificar de "sentimento devocional", o qual se traduz num movimento mais amplo em direção à unificação com o Todo. Essa busca, resultante de um indefinível sentimento de nostalgia da unidade cósmica, intensifica o processo de ampliação consciencial. Naqueles que o experimentam seguidamente e com crescente aplicação, começam a refulgir, na tela da consciência, os primeiros lampejos da Unidade infinita. Místicos, artistas – sobretudo músicos e poetas – e os grandes servidores da humanidade são os que têm tocado a fímbria do manto do Incognoscível através dessa sintonia misteriosa.

A par disso, o corpo mental concreto, que começa a se tornar mais diáfano e maleável, mediante o treinamento multimilenar na ação conhecida como "pensamento", começa a permitir que se reflitam nele os impulsos oriundos dos corpos superiores – aqueles níveis do chamado Eu Real que detêm o germe da verdadeira dimensão consciencial da centelha.[21] Em consequência, induz a mesma a refletir sobre a eficácia evolutiva do processo que se costuma denominar de "ser fraterno". Costuma-se descrever essa fase como a da "busca da espiritualização" e termos semelhantes.

A essa altura, a centelha, razoavelmente "evoluída", como se costuma dizer, acha-se desperta para o fato de que existe um caminho a ser percorrido, em busca da Consciência Cósmica. E de que a realização mais importante é o "amai-vos uns aos outros" (Às vezes, aquela primeira noção não existe ainda, e as centelhas aderidas a doutrinas convencionais sabem apenas que "para se ir para o céu é preciso ser bom – isto é, amar o próximo").

PERGUNTA: - Então o que denominamos "amar" tem um significado específico e oculto para a ampliação da consciência? E o que chamamos de felicidade, de fato o que vem a ser?

RESPOSTA – Existe pouca noção do que "amar" significa em verdade, dentro do processo de formação da consciência que constitui o objetivo real da pedagogia sideral.

Todo o processo de expansão da consciência se traduz num apercebimento e sintonia, depois identificação e fusão, com aquilo que se entende nos estágios iniciais como "não-eu", isto é, com os "outros" e o Universo.

À medida em que vão se estabelecendo "pontes de sintonia e fusão" entre os focos de consciência, as "bolhas conscienciais" vão se tocando, permutando a essência de seu nú-

[21] Embora já uma realidade nas dimensões superiores, essa dimensão deve ser "construída" gradativamente nos planos inferiores, como uma aquisição "individual" de cada centelha – o que justifica o velho aforismo oriental "Tornai-vos aquilo que sois".

cleo, apercebendo-se de que podem não estar circunscritas e prisioneiras do limite do "eu". A "felicidade" – denominação humana para a resultante da experiência da unidade – vai ocorrendo sucessivas vezes, e "treinando" a centelha a procurá-la cada vez mais frequente e profundamente.

É aqui que pode ocorrer, em vários níveis, a experiência do êxtase espiritual a que se denomina *samadhi*. Desde a vaga intuição que amplia a sensibilidade do poeta, em instante de profunda sintonia com a natureza, por exemplo, e o projeta para a orla do sentimento de unidade que tentará depois inutilmente traduzir, até o mergulho consciencial no Todo Cósmico, normalmente desencadeado no discípulo pelo toque do Mestre.

A realidade do Um é como o calor de uma grande chama que atrai para si todas as centelhas de consciência. Primeiro, caminham de olhos fechados, sem mesmo terem noção do que buscam, tão somente atraídas pelo calor desse foco. Depois de entreabrirem de leve os olhos, sabedoras de que existe algo a buscar e isso é "bom" e "desejável", passam a encaminhar os passos hesitantes na direção mais correta do foco de luz – que começa a lhes parecer mais desejável que o calor. E finalmente, depois de receber nas pupilas o reflexo repetido dessa luz, a entreveem a distância – e passam a caminhar deliberadamente para ela, com convicção, até que logrem o mergulho definitivo na Grande Luz.

Portanto, "amar" é simplesmente a denominação que se dá ao processo técnico de estender os limites do "eu", de projetar o nosso foco consciencial, expandindo-o "para fora" do eu individual separado – isto é, do ilusório limite que "separa" os núcleos de consciência e lhes dá a temporária percepção de que se constituem em realidades separadas neste universo. Cada experiência, por menor que seja, de "amar verdadeiramente",[22] dilatando um tanto a dimensão consciencial, traz imediatamente a "recompensa" – a certeza de que a centelha atuou no sentido da dinâmica expansiva do Universo, integrando-se algo que seja na grande pulsação cósmica na

[22] Com o que se pode denominar de "o amor do coração", para distingui-lo do "egoísmo ampliado" ou da chamada paixão – níveis anteriores, necessários, mas limitados, da luz interna da centelha.

direção do Uno; é o que se costuma denominar de "felicidade interior" (o que não deixa de ser uma redundância, sendo impossível, como é, experimentar essa frequência vibratória mediante conquistas periféricas – o que se convencionou chamar de "prazeres").

PERGUNTA: - Qual a noção mais clara que podemos ter do objetivo final desse longo e quase inimaginável processo? O que nos aguarda então?

RESPOSTA – O mergulho definitivo, isto é, a identificação permanente com a unidade da Consciência Cósmica, é o retorno à casa do Pai para as centelhas que peregrinaram nos planos da forma, retornando agora, autoconscientes de sua filiação à Grande Luz.

A recomendação de Jesus, "ama a teu próximo como a ti mesmo" é a tradução mais simples, concisa e acessível às mentes de então (e de muitos séculos vindouros) da injunção cósmica "amplia a tua consciência na direção das outras para experimentar a unidade".

É a felicidade em sua acepção final – a conquista do estado de ventura suprema que significa reintegrar-se, em plena consciência, naquela alegria perene que perpassa a Criação em seu nível oculto – o da Unidade.

PERGUNTA: - Jesus disse que se deveria "amar a Deus sobre todas as coisas". Essa atitude deveria se sobrepor, em termos ocultos, à de amar o próximo? E qual o seu papel no processo de ampliação da consciência? Podemos verdadeiramente amar a Deus acima de todos os seres, se ainda não O conhecemos verdadeiramente - sendo que por muitos milênios, Ele foi configurado das maneiras mais precárias pela limitação humana, e mesmo agora ainda estamos longe de concebê-LO em verdade?

RESPOSTA – O preceito "amar a Deus sobre todas as coisas" não significa que o Supremo necessite, deseje ou espere uma reverência exclusivista e intensiva por parte de seus filhos – o que se aplicaria com mais propriedade a ídolos primitivos, mantidos pelo interesse de sacerdotes cúpidos e de inteligências do Astral inferior. A tradução correta do preceito do Mestre – que assim o formulou por inexistir outra possibilidade de alcance à época – é a de que Deus, o estado da Consciência Cósmica, representa a meta final da trajetória das centelhas em evolução – isto é, da construção da consciência. E se, como vimos, "amar" é "expandir-se na direção de", a meta suprema da centelha é expandir-se buscando, acima de tudo, a amplitude da Consciência Suprema.

"Buscar a Consciência Cósmica como objetivo maior" seria uma tradução contemporânea eficaz do preceito evangélico "amar a Deus sobre todas as coisas" – hoje que as consciências já o podem assimilar.

Eis como o Divino Rabi, acima de tudo um Cientista Cósmico, traduziu para suas centelhas de limitada amplitude consciencial as regras cósmicas que regem o processo dinâmico do universo criado, sintetizando, em algumas frases singelas, a dinâmica da própria criação!

A par disso, e de tudo que vimos expondo, é fácil entender que quando amamos o próximo – qualquer próximo – não estamos senão amando uma expressão, como nós, da mesma Luz Eterna – ou seja, Deus. Amamos a Deus em Suas criaturas, e é o máximo que nos é possível atingir por enquanto. O fato de que Ele nos retorna de imediato em forma de alegria e ventura incomparáveis é a resposta maior que devíamos reconhecer.

PERGUNTA: - O que nos propõe a próxima Era de Aquário nesse sentido?

RESPOSTA – Necessário é que agora, ao alvorecer do milênio do mentalismo, as consciências evolucionantes do planeta passem a traduzir com maior precisão e profundidade esses fenômenos, candidatando-se a alunos em promoção para as classes mais avançadas do mentalismo.

O treinamento para a construção da consciência foi feito nos milênios findos da Era de Peixes. Importa agora apropriar-se de forma consciente das ferramentas necessárias à expansão deliberada e madura das consciências da humanidade terrestre. Isso significa saber para onde se caminha, por que e como se caminha.

"Amar o próximo", em todas as suas expressões, já pode deixar de ser simplesmente uma imposição doutrinária de religiões – por mais úteis que tenham sido no balizamento da trajetória desta humanidade. Pode agora ser entendido, com a técnica de sua fenomenologia desvendada, como ferramenta eletiva para o processo de construção da consciência dilatada do futuro anjo.

11.
GRANDES SERES CRIADORES

PERGUNTA: - Quando mencionais "Grandes Seres Criadores", a que realidade exatamente o termo se refere?

RESPOSTA – Aos espíritos que executam todos os processos da Criação. Àqueles que materializam os universos, individualizam consciências, sustentam os astros e as galáxias – enfim, aos responsáveis por toda a Criação.

PERGUNTA: - Mas sempre se disse que "Deus é o criador de tudo"; isso não seria desviar esse conceito básico, atribuindo a outros seres aquilo que sempre se entendeu como a atuação precípua do Eterno Ser?

RESPOSTA – O Eterno, o Supremo Arquiteto do Universo, é a realidade última originária desse processo a que denominamos "universo" (e cuja natureza e estrutura, aliás, vem sofrendo ultimamente grandes ampliações para a conceituação humana). Mas entre a Essência Última, a Luz Incriada que é a matriz de todos os universos, e o conjunto de entes materializados em cada período criador (atualmente, iniciado com o último *Big Bang*) há uma hierarquia criadora, um influxo constante de Energia que se particulariza mediante a atuação desses Grandes Seres Criadores.

As galáxias, sóis e planetas, com todos os seus integrantes, resultam da atividade criadora desses grandes interventores siderais, executores do Grande Plano da Criação.

PERGUNTA: - Mas o Supremo Ser não poderia criar di-

retamente os astros e os entes? Não será algo decepcionante para as mentalidades devocionais "retirar" do Criador essa atribuição que sempre se atribuiu a Ele, desde o registro inicial da Gênese?

RESPOSTA – Quando uma árvore frutífera gera uma semente e depois a faz transformar-se no fruto, obedecendo tão somente à programação genética inserida em seu DNA, acaso imaginais que é a "mão sideral" de Deus que está intervindo ali diretamente, modelando o fruto? Ou entendeis implicitamente que há um processo programado, algum impulso criador, uma vida que foi ali localizada, sem saberdes bem por que arquitetos ocultos da forma? Iríeis imaginar que um Jeová multitarefas, em todas as latitudes do globo (sem contar os outros), estaria presidindo ao processo criador de cada uma dessas formas vegetais? Ninguém jamais se sentiu decepcionado por não encontrar as pegadas explícitas do Divino Ser em torno de cada ente que vem à vida.

O gerente de um complexo fabril não é quem irá montar cada peça e instalar as dobradiças e parafusos de um produto industrial; tampouco irá coordenar os recursos humanos ou o seu treinamento. Antes dele, o projetista é quem cria os modelos que serão materializados. Se para um simples projeto material se requer o esforço coletivo especializado, não é um universo de extrema complexidade que iria prescindir de inteligências específicas dedicadas a cada etapa dele, seja a materialização de suas estruturas, ou o gerenciamento de coletividades que as habitarão.

PERGUNTA: - Por que, então, a letra das Escrituras e, por consequência, a tradição religiosa judaico-cristã atribui exclusivamente a Deus diretamente todo o processo criador?

RESPOSTA – Deve-se entender que a declaração inicial da Gênese – atribuída a Moisés – de que "No princípio, criou Deus o céu e a Terra" era o máximo em conceito da Criação que poderia ser oferecido ao comum da humanidade da época. Foi uma referência – aliás não errônea, apenas incompleta ou genérica – para que as mentes humanas singelas, de concepções infantis, tivessem uma ideia essencial de sua origem e da sequência da criação terrestre.

Era essencial, aliás, que a concepção do Deus único – o foco da religião hebraica e sua maior herança para a humanidade – ficasse impresso nos espíritos do povo hebreu. Qualquer outra concepção que dispersasse o poder criador por tributários do Altíssimo, como os grandes seres modeladores do Universo, poria em risco esse foco. A ideia do Deus único, Iavé, precisava ser cimentada na alma do povo judeu, para distanciá-lo da multiplicidade de deuses dos povos vizinhos. Não seria, pois, uma ideia de cocriadores do mundo adequada nem desejável, à época.

Esse conhecimento, da existência de Consciências Criadoras que materializam o pensamento divino nos variados níveis do Universo, sempre foi transmitida, desde os primórdios da humanidade, nos templos iniciáticos da Luz – e isso desde a Atlântida. Os discípulos da Sabedoria Eterna o aprendiam sem dificuldade, nos níveis superiores do conhecimento. As tradições de alguns povos o conservaram, e hoje, nos compêndios espiritualistas como da teosofia e outros, podem ser encontrados facilmente.

A própria Doutrina Espírita – para surpresa da massa de seus adeptos, que costumam não se deter e aprofundar nos conhecimentos que extrapolam a superfície das informações – detém, de fonte confiável, uma precisa indicação sobre o papel dos Grandes Seres Criadores, na palavra de André Luis, na primeira pagina da obra *Evolução em Dois Mundos*:[23]

Supõe-se que uma informação de tal origem, psicografada há quase setenta anos, poderia já ter sido incorporada naturalmente aos estudos espíritas, e ser objeto de reflexões

---

[23] COCRIAÇÃO EM PLANO MAIOR – Nessa substância original, ao influxo do próprio Senhor Supremo, operam as Inteligências Divinas a Ele agregadas, em processo de comunhão indescritível, os grandes devas da teologia hindu ou os Arcanjos da interpretação de variados templos religiosos, extraindo desse hálito espiritual os celeiros de energia com que constroem os sistemas da Imensidade, em serviço de CoCriação em plano maior, de conformidade com os desígnios do Todo-Misericordioso, que faz deles agentes orientadores da Criação Excelsa.
Essas Inteligências Gloriosas tomam o plasma divino e convertem-no em habitações cósmicas, de múltiplas expressões, radiantes ou obscuras, gaseificadas ou sólidas, obedecendo a leis predeterminadas, quais moradias que perduram por milênios e milênios, mas que se desgastam e se transformam, por fim...
ANDRÉ LUIS / Francisco Cândido Xavier, *Evolução em Dois Mundos*, Rio de Janeiro, FEB, 2ª ed., s/d.

e estudos de cosmogênese à luz da Doutrina. Isso, desde que aos espíritos que nela se abrigam fosse de interesse conhecer com mais profundidade e pelo menos em grandes linhas as realidades essenciais da Criação.

E, como não nos cansamos de repetir, a verdade é uma só: tais informações coincidem, de forma curiosa, com aquelas trazidas pelas demais correntes espiritualistas ou ocultistas e pela tradição oriental do hinduísmo, sem falar em outras vertentes antigas.

Sábias as palavras de Allan Kardec, na citação que serve de epígrafe a esta obra.

PERGUNTA: - De acordo com a Gênese, Deus criou todas as espécies de entes e povoou a Terra com eles, culminando com os seres humanos. Como devemos repensar a criação de toda a cadeia biológica, à luz do entendimento que a Sabedoria Oculta, mesmo a já canalizada através das revelações espíritas, nos possibilita?

RESPOSTA – Sabendo, como sabeis hoje, que a evolução das espécies foi desdobrando modelos gradualmente mais complexos e adaptados, permitindo o surgimento das espécies superiores só depois das primitivas, e que isso se efetuou num processo cuja complexidade é igual à sua harmonia. O projeto original das espécies e formas planetárias é uma matriz que foi idealizada muito antes do resfriamento do planeta. Os seus modelos foram idealizados pelos Arquitetos das Formas – grandes seres criadores que os delinearam com a máxima funcionalidade, plasmaram suas matrizes nos mundos suprafísicos, e finalmente os encaixaram, sintetizados numa espécie de "programa de computador" a ser executado impecavelmente, no DNA de cada espécie. Quando as primeiras formas de vida começaram a se espraiar nos oceanos primitivos, traziam esse programa oculto localizado em seu interior pelos Seres Criadores. A partir dessa programação consumada, o restante do processo vai acontecer sem desvios, apenas supervisionado pelos seres responsáveis pela natureza, como os devas.

Num exemplo elementar e insuficiente, imaginai um artista desenhando o modelo de um vaso, concebendo-o na mente e concretizando-o num modelo digital, sendo o protótipo de milhares de peças que serão produzidas industrialmente. Assim sucede com os Criadores das Formas. A reprodução do modelo fica a cargo das células, que trazem esse modelo inscrito em seu núcleo genético. Mas por trás de cada folha de grama, de cada ameba e de cada pássaro, de cada flor e elefante, podeis ter certeza de que houve uma atuação prévia de Inteligências Criadoras, grandes artistas da forma, que os idealizaram. Em cada crepúsculo multicor, cada cascata cintilante, cada ave canora, nas vagas de esmeralda dos oceanos, no brilho nacarado das conchas, na maciez do pelo de um felino, na surpreendente engenharia do camaleão – que parece uma brincadeira da Criação –, bem como na majestade dos picos nevados, nos tons cintilantes das gemas e na estonteante diversidade das asas das borboletas, em cada forma, em cada estojo onde se abriga um ente em evolução, podeis ter certeza de que houve antes um Artista sideral, um Ser Criador unindo o mais profundo conhecimento de engenharia biológica à beleza mais surpreendente.

PERGUNTA: - E onde entraria Deus nesse processo?

RESPOSTA – Em primeiro lugar, na criação prévia desses Arquitetos das Formas, que obviamente são entes anteriormente individualizados do Supremo Ser. E a par disso, pela substância matriz de todas as formas, a Luz Eterna que significa a vida em todas as instâncias do Universo, plasma criador que modela e sustenta a formas – o hálito criador do Eterno Ser.

PERGUNTA: - E desde onde começa a atuação desses Grandes Seres Criadores, no processo cósmico?

RESPOSTA – Desde a materialização das nebulosas, a formação das galáxias, estrelas e planetas. O *Big Bang*, explosão criadora do atual Universo, não foi senão a disseminação pelo espaço cósmico dessa hierarquia de seres criadores, destinados a materializar e sustentar cada galáxia e cada astro.

Um Grande Ser – um arcanjo ou logos galático – materializou cada galáxia que podeis identificar, mais todas as que ainda vos são imperceptíveis na profundeza sideral, e a sustenta em sua aura, como mãe amorosa que embala em seu colo de estrelas cintilantes o berçário da Criação. Sua Consciência indescritível representa uma janela viva por onde flui a Luz Cósmica Criadora, alimentando todo o seu cortejo de sóis e astros, que giram em torno do centro galáctico, como uma família sideral a que dá abrigo e sustento.

Por sua vez, cada estrela ou sol também significa uma consciência – os Logos Solares ou Arcanjos Solares – que materializou, como seu próprio "corpo físico", um sistema planetário, que esse Grande Ser alimenta em sua aura grandiosa. Vosso sistema solar trafega no infinito amorosamente envolto pela aura refulgente de seu Logos, cuja Luz Criadora alimenta cada forma de vida, em todos os planos e dimensões do sistema, desde o átomo ao inseto, do homem aos grandes devas que regem a natureza em cada mundo planetário.

Cada planeta, igualmente, significa a expressão física – e em todos os planos – de uma Consciência Criadora, o Logos Planetário ou Arcanjo do planeta. Os planos físico-etérico, astral, mental, com todas as suas dimensões, representam os corpos ou veículos desse Grande Ser, que abriga em Seu regaço as vidas evolucionantes que lhe foram confiadas. A Mãe Terra significa mais do que uma figura de expressão; é uma realidade. De seu corpo físico ela sustenta todas as formas de vida, e as transporta no seu colo pela grande trajetória sideral em que acompanha o Logos Solar – mãe amorosa que faculta a sua prole multifacetada o ensejo de viver e evoluir nas formas do universo manifestado.

PERGUNTA: - E como ingressam novas consciências ou almas nesse cenário produzido pelos Seres Criadores, que compuseram o panorama sideral?

RESPOSTA – Da Luz Eterna do Supremo Ser provêm as "sementes de seres" que são as mônadas, centelhas de vida ou almas. Considerando que os Logos Solares são as fontes da Luz Cósmica que lhes é transferida pelo Logos Galático, para ser disseminada em Seus sistemas, é fácil concluir que é a esses grandes seres que cabe a criação dos átomos primordiais, a cada um dos quais está agregada uma mônada que é lançada na corrente evolutiva, como uma nova *semente de futuro anjo*.

Elas depois irão, em grupos, animar os elementos do reino mineral, formando moléculas, e futuramente, células, vegetais, animais e seres humanos – isso no transcurso de evos incontáveis de tempo.

PERGUNTA: - Mas se esses Grandes Seres Criadores, os Logos, já existiam ao início da manifestação do Universo, de onde provieram? Como chegaram a essa categoria sideral?

RESPOSTA – Basta lembrarmos que os universos se materializam e desfazem seguindo um ritmo que é a pulsação cósmica do Eterno, a que os hindus denominaram *manvantara* ou a respiração de *Brahma* – o Grande Plano da Criação, que já descrevemos anteriormente. Ao final de um período criador, que comporta duas fases – a "expiração" ou expansão do Universo, e depois a "inspiração" ou sua dissolução material, segue-se uma pausa cósmica – a que os hindus batizaram de *pralaya* – antes que recomece um novo período criador, outro *Big Bang*.

Portanto, é lógico concluir que se ao início de um novo Grande Plano existem Grandes Seres que serão os agentes da Criação, eles só podem ser provindos de um período anterior, um outro *manvantara*, um prévio "ano letivo" da grande Escola Sideral – assim como os professores de hoje foram os alunos de uma ou duas décadas anteriores da mesma escola.

E os "formandos" deste atual ciclo de manifestação que alcançarem graus evolutivos superiores, como as humanidades ora estagiando nos planetas deste Universo, hão de constituir por sua vez o novo corpo docente em futuras etapas cósmicas.

PERGUNTA: - Quereis dizer que as humanidades, como a nossa, poderão ao final deste Grande Plano vir a constituir Seres Criadores?

RESPOSTA – Talvez não exatamente ao nível de arcanjos ou logos, mas ao nível de anjos, o que significa uma faixa evolutiva acima da humana. E, numa futura matrícula sideral, poderão ascender ao patamar de arcanjos – como é o caso de Jesus, que hoje é um anjo.

Antes disso, muitos ou a maioria completará o curso do nível humano e se habilitará ao grau de Mestre de Sabedoria, de espírito liberto das formas, e apto a orientar a evolução de outras almas incipientes.

O inquestionável é que, assim como, ao contemplar um carvalho, sabemos que ele proveio de uma semente antiga e cresceu, inverno após inverno e na sequência dos verões, e pode produzir novas sementes que perpetuarão a espécie, ao concebermos a existência de cada Grande Ser Criador, é possível afirmar que ele um dia proveio de uma semente monádica, cresceu na direção do Grande Sol Central do Universo, e agora pode produzir novas sementes de almas, que continuarão expandindo o cenário da Criação.

Essa é a grande epopeia cósmica cujos atores somos nós todos, "do átomo ao arcanjo", aprendizes de Seres Criadores, refletindo a natureza do Grande Ser.

12
O CORPO MENTAL

PERGUNTA: - Como poderemos melhor conceituar o corpo mental, esse veículo pouco ou nada conhecido pelos espíritas e muitos espiritualistas?

RESPOSTA – Pouco conhecido, mas já muito bem avalizado por fontes inquestionáveis da Doutrina Espírita.[24] Não há como duvidar de sua existência, embora tenha sido, nos primórdios do espiritismo, incluído, junto com o corpo astral, sob a figura do famoso *perispírito*.

Desde sempre, nos círculos iniciáticos de todo o planeta, e nas doutrinas orientais, hoje canalizadas através de correntes como a ioga, a teosofia e a rosacruz, ele foi conhecido e estudado. Bastaria a qualquer estudioso, hoje, compulsar a extensa literatura existente, constatando que é uma noção ancestral a sua existência.

PERGUNTA: - Por que motivo teriam os espíritos falado a Kardec de perispírito, e não particularizaram que existiam, na verdade, dois corpos ou veículos, ainda que em íntima conexão?

RESPOSTA – À época, era uma sociedade que mal estava se iniciando na certeza da sobrevivência, e acostumando-se

[24] Em *Evolução em Dois Mundos*, André Luís consagra um título do cap.2 ao "Retrato do Corpo Mental", e faz diversas referências a ele, ao longo da obra, enquanto chama o veículo astral de "corpo espiritual", distinguindo-os claramente.

com a ideia de que, após a morte, o espírito não era um fantasma informe ou inconsistente, mas que a vida continuava com uma personalidade efetiva, uma forma definida, capaz de comunicar-se, agir, materializar-se etc. Essa a ideia fundamental que precisava ser fixada e aceita pelas mentes da época, como fundamento da Doutrina. Já configurou um grande avanço à frente da duvidosa continuidade da alma, transfigurada não se sabia bem em quê, que iria para o céu ou o inferno, segundo as crenças tradicionais, Pareceria bastante estranho, e de difícil aceitação, que em vez de um corpo fluídico, que se tornava a habitação ou veste normal do espírito desencarnado, houvesse dois corpos – isso, sem falar do corpo ou duplo-etérico, que também só foi adequadamente entendido décadas depois.

Seria um salto de compreensão largo demais, que comprometeria a simplicidade e racionalidade que foram a marca do espiritismo nascente. Corpo, perispírito e espírito configuravam um esquema simples e razoável, apto a ser compreendido. Perispírito é tudo que fica entre o espírito imortal e o corpo físico.

E, na verdade, não se trata de algo inexato, se lembrarmos que o corpo astral e o mental operam no mais das vezes em tão estreita conexão e convergência de ação, que em certas correntes orientais são conhecidos sob a denominação comum de *kama-mânas*: veículo da emoção-pensamento. O pensar e o sentir, no quotidiano da humanidade, são paralelos na grande maioria das vezes. Apenas, possuem veículos ou "órgãos" diferentes, mas submetidos à instância diretora do espírito, o Eu Superior.

PERGUNTA: - Mas se o corpo mental já foi postulado por vários autores sérios, inclusive da mais abalizada origem doutrinária espírita, por que motivo é esquecido, não costuma merecer um lugar específico nos estudos doutrinários, como se fosse irrelevante?

RESPOSTA – É mais cômodo e simples continuar referindo apenas o perispírito, um veículo indistinto, no sentido de englobar "tudo que não é corpo físico e espírito", como se fora só o que se pode esperar na vida de Além-túmulo. Incluir a noção de corpo mental, além do corpo astral, implicaria em um deslocamento de noções e expectativas, uma outra abordagem repleta de informações novas – e é sabido que os seres humanos em geral não apreciam mudar padrões mentais, abandonar seus velhos – ainda que impróprios – conceitos familiares, fazer o esforço de deslocar as prateleiras da mente para novos arranjos.

Sem falar que todas as crenças novas, desconhecidas, geram o receio do abandono de velhos conceitos, que pareciam definitivos. Como que se perde a referência "sagrada", o altar da crença, o manto protetor de uma verdade eterna. A humanidade ainda não conseguiu admitir um corpo doutrinário que, ao invés de estático, seja evolutivo como a consciência, e se expanda à medida que um horizonte maior vá se abrindo para ela. As religiões tradicionais acostumaram os humanos deste planeta a verdadeiros "blocos de concreto mentais", inamovíveis e imutáveis, constituindo os patamares de onde os cleros – com ou sem batina – dirigem as consciências e pontificam sobre religiões e doutrinas pétreas – a própria revelação divina, definitiva e eterna, como intocáveis são as suas lideranças e ordenações.

Mas o Universo é dinâmico, a Sabedoria é infinita como o Cosmo, e a dimensão do conhecimento humano de qualquer época não configura a última palavra do saber nem a noção definitiva da realidade. Por isso, quanto antes nos apropriarmos de novas realidades já estabelecidas, buscando nos familiarizar com elas e aproveitar o que nos facultam para a caminhada da consciência, melhor. Dormitar sobre os louros já conquistados nos últimos séculos, da feliz extensão do conhecimento possibilitada pela inserção, no Ocidente, dos velhos e milenares conceitos que o espiritismo popularizou, equivale a perpetuar o mecanismo da imutabilidade que o próprio Kardec renegou.[25]

PERGUNTA: - Qual seria, então, a definição básica que poderíamos dar ao corpo mental?

RESPOSTA – O corpo mental é o veículo ou "órgão" do

[25] "O princípio da imutabilidade, que as religiões têm sempre considerado uma égide conservadora, tornar-se-á elemento de destruição, dado que, imobilizando-se, ao passo que a sociedade caminha para a frente, os cultos serão ultrapassados" – *A Gênese*, cap. XVII.

"Não será pois invariável o programa da Doutrina (...) O princípio progressivo, que ela inscreve no seu código, será a salvaguarda da sua perenidade... exatamente porque ela não se assenta no princípio da imobilidade" – *Obras Póstumas*, Constituição do Espiritismo, II.

pensamento. Quanto antes vos conscientizardes disso, em profundidade, melhor o entendereis. *É aquilo em nós que exerce a ação de pensar.*

O ser humano, mergulhado no uniforme de carne, que enverga para seus anos letivos na matéria, acaba se identificando com ele com um fervor tal que passa a sentir que ele próprio "é" o corpo físico, numa atitude pueril de quem achasse que sua personalidade se localiza na roupa que veste, e que ela é a responsável por seus sentimentos e ideias...

Então se costuma atribuir ao cérebro físico a atividade de pensar, como se o aparelho de rádio fosse o autor da programação que canaliza.

É fundamental passarmos a entender que aquilo em nós que pensa, que raciocina, que emite desde a mais singela intenção de tomar na mão um objeto até as elucubrações do cientista ou artista mais genial, partem com exclusividade desse instrumento extraordinário que é o corpo mental. Ele é a única origem, para os planos da personalidade, daquilo a que chamamos de pensamento. Assim como a absorção do alimento se dá no corpo físico unicamente no trato gastrointestinal, assim como os pulmões são o órgão específico da respiração, assim como os olhos são os que operam a visão física, o corpo mental é o "órgão", o instrumento ou veículo do que se denomina pensamento.

Ou seja: aquilo em nós que pensa, que é o detentor da capacidade de elaborar pensamentos, é esse corpo sutil sem o qual não seríamos uma personalidade autônoma, não teríamos a noção de existir. Podemos existir sem o corpo físico-etérico, mesmo sem o corpo astral, mas enquanto ainda estivermos ao nível da personalidade (antes de abandonar os planos da forma e passarmos a existir ao nível do Eu Superior, inicialmente do corpo causal) não podemos nos sentir existindo, não podemos pensar em nós próprios senão através da ação do corpo mental.

PERGUNTA: – Mas é difícil, para o encarnado comum, dar-se conta, quando pensa seja o que for, que está atuando por ele, ou usando esse instrumento. Por que motivo?

RESPOSTA – Pela simples razão de que por milênios não lhe foi transmitida a noção de sua existência. Reconhecê-lo exige apenas um deslocamento de consciência, num processo – aliás, efetuado pelo próprio corpo mental – que só demanda o hábito.

Hoje é simples para qualquer um conceber o seu sistema circulatório, imaginar o sangue circulando nas artérias e veias, um eventual bloqueio de um vaso no temido infarto ou AVC, entender o processo da pressão arterial alta ou baixa que lhe traz sintomas desagradáveis. Mas antes do século XVII e de Harvey, havia uma opacidade conceitual, um território vazio e ignoto a respeito disso, porque ainda não se conhecia a circulação do sangue. É como se, para as pessoas, mentalmente, ela não existisse, embora sempre estivesse ali. Algo similar ocorre com o corpo mental. Ele é usado a cada instante – mesmo no momento em que ledes estas linhas – para efetuar todas as operações mentais: absorção de informações, raciocínios, memória, imaginação, sem que nos demos conta de que é ele o operador oculto do processo; assim como o sangue circulava nos cidadãos dos séculos anteriores, e desde sempre, com o solene desconhecimento deles.

PERGUNTA: - Como é o aspecto do corpo mental? Como o veríamos, se tivéssemos a visão clarividente que alcançasse a sua dimensão?

RESPOSTA – Conforme já foi informado por clarividentes em obras de divulgação sobretudo teosóficas, o corpo mental é um ovoide, em sua totalidade. Em singela analogia, imagine-se mais ou menos, em seu aspecto externo, o brilho de uma bolha de sabão, luminosa – a aura mental – contendo os mais diversos matizes coloridos em seu interior. Na porção central, ele guarda o contorno de um corpo físico/astral humano.

A substância de que se compõe é a matéria mental, constituinte daquele plano (da mesma forma que são constituídos os corpos físico, etérico e astral). A grande característica do corpo mental é a luminosidade/opacidade das cores que o compõem, e que decorrem de seu funcionamento.

PERGUNTA: - Como poderíamos entender melhor esse processo?

RESPOSTA – Já vos foi dito que tudo do Universo é vibração. Tudo vibra, ou soa, em uma frequência peculiar, como numa sinfonia eterna. Os graus mais densos da realidade, a matéria física, vibram numa frequência lenta, "pesada". Quando se imprime à matéria uma frequência mais rápida, ela se transporta para o estado de energia, primeiro etérica e depois astral, mental, etc. Einstein já conceituou a matéria como *energia condensada,* que efetivamente é.

Cada frequência de vibração, cada nota emitida pelas cordas ocultas da harpa cósmica, cria ou resulta numa "densidade" específica de matéria – os vários planos e dimensões do Universo, dos mais lentos ou materiais, aos mais rápidos ou sutis. Tudo se toca e pode se intercambiar nessa pauta cósmica, porque a "substância" ou realidade oculta é a mesma, variando apenas as suas "oitavas sonoras", que vão desdobrando universo afora, em "camadas" sucessivas, o cenário intrincado, a trama cósmica dessa sinfonia de magnífica complexidade e harmonia. É o cenário, o palco onde será encenada a grande epopeia da evolução para as centelhas divinas.

Cada vibração de frequência, dentro do organismo universal, além de um som, se expressa em algo a que chamamos de cores. É uma expressão automática, intrínseca, das modulações de frequência da substância universal. De acordo com as frequências, das mais letárgicas às mais dinâmicas, são as características das cores produzidas. É uma lei que rege, em todos os planos invisíveis, as modificações da matéria integrante deles.

Ao pensarmos, estamos utilizando energia, a matéria desse plano, pois nenhuma ação pode ser realizada sem o dispêndio de energia. No plano físico, a mais singela das ações, seja o bater de uma pálpebra ou uma transformação no metabolismo do corpo, requer o dispêndio de uma quota de energia: energia muscular, química, etc. Também o pensamento – que é ação mental – requer a utilização de uma quota de energia, da substância mental desse plano.

De acordo com a natureza dos pensamentos, é a gama de cores que se expressa. O tipo de pensamento/sentimento (pois eles em geral operam juntos) se insere numa "linguagem" específica, que fala claro a quem a conhece. Vejamos um exemplo. Uma ação mental-emocional que varia indo do foco exclusivo no eu, o extremo egoísmo, numa das pontas, até a amplificação consciencial que é a empatia, a solidariedade universal, na outra ponta – é a faixa específica que se expressa na "cor verde". É a "palavra" que expressa esse tipo de pensamento/sentimento. O egoísmo, então, se traduz numa frequência vibratória lenta, pesada, dessa faixa, resultando, com a ação mental, num matiz escurecido, um verde terroso. À medida que a consciência evolui, sua ação mental vai operando em frequências mais rápidas – diz-se que a pessoa se tornou mais generosa, mais altruísta, adquiriu simpatia pelo próximo. As vibrações superiores de empatia, solidariedade universal, identificação com os demais, produzem automaticamente tons de verde claro, brilhante e sedoso, belos e sutis.

Cada operação dessas, dentro do corpo mental, significa que a matéria mental foi modificada em uma vibração específica, e como resultado uma cor foi adicionada a ele, uma "porção de matéria mental" que passa a constituí-lo.

PERGUNTA: - Então se poderia pensar numa "construção" do corpo mental?

RESPOSTA – Exatamente. O corpo mental, depois que é plenamente desperto, com o ingresso da centelha de vida, a mônada, no reino humano, tem pouca "substância", porque o pensamento dos seres iniciantes dessa escala ainda é incerto, titubeante, pouco dinâmico. Existe pouca "ação mental", um uso limitado e esparso do pensamento, isto é, desse corpo, que está algo letárgico. Com o desdobrar dos séculos e milênios, o homem vai aprendendo a pensar; vai diversificando o seu espectro mental. Vai do pensamento imediatista da sobrevivência – mas já se dinamizando na criação de instrumentos, recursos, etc – até as conquistas do raciocínio lógico mais fulgurante do cientista e do filósofo. E com isso vai dinamizando seu corpo mental – em tosco exemplo, como o ginasta que exercita seu corpo físico – e adicionando a ele matéria mental diversificada, expressa por cores variadas, em tons os mais diversos, desde o espectro de tons obscuros e "feios" dos "pensamentos primitivos ou maus" até a gama de cores luminosas e atraentes dos "pensamentos elevados". Variações de frequência na apropriação da matéria mental.

PERGUNTA: - Portanto, se pudéssemos contemplar um corpo mental, e soubéssemos interpretar a sua gama de cores, poderíamos ter uma "radiografia" mental de uma pessoa?

RESPOSTA – Não é outra coisa o que fazem os Grandes Seres, Mestres e condutores da evolução, quando desejam avaliar as condições de consciência de um ser, para auxiliá-lo com uma programação pedagógica adequada a suas necessidades de conquista interior, ou para ajudá-lo na superação de limitações, traumas ou automatismos perniciosos.

PERGUNTA: - O corpo mental, portanto, é, tal como o corpo astral, uma espécie de vestimenta do espírito? Pode ser usado sem os demais corpos?

RESPOSTA - Ele é um veículo autônomo, de onde pode operar a consciência. No plano mental, é o único utilizado como corpo pelos seus habitantes.

No decorrer da evolução, um dia chega em que o ser humano, depois de completar todo o processo de crescimento consciencial possível nos planos físico e astral – não necessitando, pois reencarnar na matéria e tampouco permanecer limitado ao plano astral – passa a utilizar o veículo mental como "seu corpo", isto é – passará a residir no plano mental. É o que se costuma denominar de "segunda morte": o abandono definitivo do veículo astral, que a partir de então só irá ser retomado ou reconstruído por necessidade de missão nos mundos mais densos.

Pode-se figurar a consciência como um holofote que se pode dirigir para vários níveis. Pode estar focalizada prioritariamente no nível físico – quando se está agindo nele (embora, em nenhum momento, deixe de estar envolvido o pensamento e, quase sempre, o sentimento ou emoções). Pode estar focalizada com maior empenho no plano astral – quando vibramos sobretudo sentimentos e emoções. E pode, mesmo, estar voltada totalmente para o plano mental – quando a pessoa está imersa num raciocínio isento de emoções, como uma reflexão teórica de qualquer tipo, a solução de um problema matemático, uma pesquisa, uma tentativa de compreensão de alguma tese ou explicação. Nesse caso, a criatura fica como que "recolhida" ao corpo mental, atuando só através dele, com a consciência enfocada ali, como um astrônomo recolhido ao alto de um observatório, pesquisando os astros pele telescópio, e alheado do resto do mundo.

Em resumo: não pode haver ação física ou emocional (astral) sem o corpo mental, mas pode haver ação mental independente daquelas. A mente é o comandante do barco da personalidade, e ao mesmo tempo o seu leme.

PERGUNTA: - Pode-se figurar o caso de alguém que temporariamente "dispa" os outros veículos - o físico, o etérico e o astral - e chegue a atuar somente com o corpo mental?

RESPOSTA – Fazer isso deliberada e conscientemente só está ao alcance de alguém com bastante desenvolvimento dos poderes mentais. E no estágio atual da humanidade, são pouquíssimos os casos. Tecnicamente, porém, não há impossibilidade.

O mais comum é as pessoas, durante o sono, deixarem os veículos físicos e excursionarem em corpo astral (naturalmente junto com o mental), como é de conhecimento geral.

Estando, porém, a pessoa desencarnada habitando o plano astral, torna-se mais fácil – é como se fosse a réplica, em nível mais alto, do caso anterior. A criatura deixa seu corpo astral, normalmente adormecido, naquele plano, e pode visitar momentaneamente, em geral conduzida por orientadores, o plano mental, só com o corpo mental. Já ficou consignada, para a reflexão dos espíritas, uma experiência desse tipo vivida por André Luís.[26]

PERGUNTA: - Como atua o corpo mental, no fenômeno

[26] Na obra *Nosso Lar*, André Luís relata, no capítulo "O Sonho", uma visita que fez à sua mãe, em plano superior, enquanto seu corpo astral repousava naquela colônia: "O sonho não era propriamente qual se verifica na Terra. Eu sabia, perfeitamente, que deixara **o veículo inferior** no apartamento das Câmaras de Retificação em Nosso Lar, e tinha absoluta consciência daquela movimentação em **plano diverso**. Minhas noções de espaço e tempo eram exatas" (grifamos). Foi então levado pela mãe a um "bosque prodigioso". Se tal visita tivesse ocorrido em qualquer outro subplano do astral, é claro que ele não teria desvestido seu corpo astral para isso.

conhecido como telepatia - a transmissão do pensamento?

RESPOSTA – Ao pensar, isto é, realizar uma ação mental, a criatura produz uma vibração a que se costuma denominar de onda mental. É, comparativamente, como a onda sonora que uma emissora de rádio difunde. Essa onda vai se espalhar em círculos concêntricos e atingirá outras mentes, atuando dentro das leis de sintonia e afinidade vibratória. Assim como a onda sonora carreia palavras ou sons com informações, a onda mental transporta uma informação – o teor do pensamento. Assimilado por outras mentes, dentro das leis de sintonia, vai transmitir ou reforçar nelas a ideia em que consiste.

Além das ondas mentais, o pensamento produz as chamadas formas de pensamento, que significam uma imagem que traduz o conteúdo pensado, modelada na matéria mental, e que tanto podem viajar no espaço em busca de outras mentes, como permanecer suspensas em torno da aura do emitente, podendo ser perfeitamente vistas e analisadas por quem detiver visão treinada para tal.[27]

Essas formas de pensamento, já que quase sempre são uma mescla de ideias e sentimentos ou emoções, se constituem de matéria combinada dos dois planos – astral e mental. Valem para elas as leis que regem a produção de cores que acima referimos. Compêndios especializados podem oferecer, aos que buscarem um aprofundamento, mais detalhes técnicos.[28]

---

[27] Em uma obra espírita atual, ***Abismo***, psicografia de Sandra Carneiro do espírito de Bento José, Ed. Vivaluz, Atibaia,SP, 2012, encontramos um episódio em que as formas de pensamento de um espírito desencarnado forneceram aos socorristas as imagens de uma jovem a quem desejavam encontrar e o seu paradeiro:
"Christian começou a narrar novamente...o que sabia. À medida que falava, as imagens mentais iam se delineando; Lívia as observava e, com sua ajuda, também Serginho podia vê-las.
... Não havia dúvida, era Paula; e Lívia, pelas imagens que vira, identificara o possível paradeiro da jovem". (p.60). (N. da médium).

[28] *Formas de Pensamento*, Charles Leadbeater e Annie Besant, *O Homem Visível e Invisível*, Charles Leadbeater, ambos da **EDITORA DO CONHECIMENTO**; *O Corpo Mental*, Arthur Powell, Ed. Pensamento.

13

A LUZ E A SOMBRA DE PEIXES

Toda Era Astrológica (um período de aproximadamente 2160 anos), tendo características próprias que configuram sua natureza, possui também – como cada signo – seus aspectos de luz e sombra.

Enquanto a luz é aquela meta evolutiva com várias facetas, a ser conquistada pela humanidade durante cada era – pode-se dizer que é construir uma nova dimensão da consciência coletiva –, a sombra é aquela parte do inconsciente coletivo, dos "porões" da humanidade, que vem à tona para ser conscientizada, curada, para dela nos libertarmos (tanto quanto possível). Análogo ao que acontece, em termos individuais, à medida que vamos renascendo em um signo após outro: apropriando-nos da luz e curando a sombra dele dentro de nós, enquanto a força centrífuga de cada energia zodiacal "traz à tona" uma por uma dessas doze facetas de nosso pequeno cosmo interno, como o que está embaixo, é o que está em cima.

A Era de Peixes, regida por Netuno, energia da espiritualidade e da ilusão (respectivamente nos lados luz e sombra), nos deixa, em seu ocaso, uma dupla herança de claridade e escuridão.

Peixes, o 12° signo, representa o fim de um ciclo, portanto a depuração do que ficou nele e o salto para um novo ciclo. Em decorrência, toda a "escória" da Era precisa vir à tona para ser reconhecida e tratada.

Nesta Era de Peixes que ora se encerra, estamos assistindo ao fim de uma *Kali Yuga* – a Idade Escura, o ponto extremo da materialidade, o fim do arco descendente da humanidade, para começar agora o ascendente. Um grande impulso, um verdadeiro salto quântico precisou dar o impulso à consciência planetária para vencer esse limite. Foi a descida de Luz Crística, que impregnou a aura planetária, num processo ainda inconcebível e desconhecido da humanidade em geral: a descida à matéria do canal vivo do Logos Planetário – o Mestre Nazareno.

O mundo mudou à Sua passagem.

Se esse mundo nos parece ainda inferior, é porque não conseguimos reconstituir plenamente o que era antes. A consciência coletiva subiu mais, como um todo, nestes 2000 anos, do que nos 200 mil anos em que vem evoluindo desde a Grande Atlântida – se considerarmos o todo, não casos particulares.

O aspecto mais saliente da herança de Peixes é a proposta de um ideal espiritual de amor universal (típico do signo), de religação com o divino através do serviço amoroso/renúncia em favor do coletivo.

As criaturas que já efetuaram com proveito o curso da Era de Peixes, credenciando-se, pois, à matrícula na etapa seguinte – a Era de Aquário, que está chegando para se instaurar no planeta – são exatamente aquelas que já introjetaram em suas almas, pelo menos em um nível básico, esse Amor Universal e a capacidade de renúncia do seu "pequeno eu" em prol da felicidade e proveito do eu coletivo da humanidade.

Aqueles, por exemplo, que já não sentem a menor necessidade ou prazer de "tirar vantagem de tudo", já que isso inevitavelmente significa a desvantagem dos outros.

Quem ainda sintoniza com a volúpia intensa de possuir para si, e só assim consegue tecer a própria ventura, está evidenciando que ainda não se graduou na lição da Luz de Peixes.

Mas, e a sombra pisciana?

Um dos seus aspectos peculiares foi o desvirtuamento do espiritual – a utilização insana de pretextos "espirituais" para encobrir as mazelas dos porões morais da humanidade, para matar, torturar, dominar – e enriquecer. As Cruzadas, a Inquisição, o poder temporal da Igreja fazendo e desfazendo reis, a venda de indulgências, a ética protestante legitimando o lucro do capital, foram alguns desses aspectos. Nunca se matou, se dominou e se enriqueceu tanto em nome da religião como no decorrer desses dois mil anos piscianos ora em seu ocaso.

E neste crepúsculo da era, ainda a Sombra de Peixes se faz sentir. Aos familiarizados com as características netunianas negativas, não causa estranheza que sejam exatamente as grandes mazelas desse ocaso as drogas – regidas por Netuno. Ou o fascínio ilusório do glamour da moda, elevado à categoria de preocupação universal – outra característica da ilusão netuniana. E tampouco é de admirar-se que outra sombra netuniana se alastre fecunda, neste apagar das luzes piscianas: o uso da "espiritualidade" como moeda de troca para o lucro fácil.

Junto com os valores e conhecimentos da Nova Era, capazes de promover a libertação das consciências, com o assumir de uma posição de autorresponsabilidade diante da evolução, principiou a crescer uma erva daninha, sedimento que ficou no fundo da taça de Peixes como a borra do vinho que se consumiu.

E a "espiritualidade" torna-se mercadoria fácil nas mãos dos iludidos, retardatários dessa era. Tudo se vende, então, à conta de "conhecimento espiritual".

As grandes e perenes verdades, que balizam há milênios o caminho da humanidade no rumo da Sabedoria, permanecem simples e acessíveis a quem desejar, tanto em compêndios comuns, como em agrupamentos abertos e fraternais, como centros espíritas e umbandistas, lojas teosóficas, grupos rosacruzes, de estudo de ioga, budistas, de orientalismo, fraternidades universalistas, e demais agremiações onde o conhecimento autêntico é dado de graça e amplamente compartilhado. Obras acessíveis a todos os bolsos divulgam universalmente as velhas verdades, as mesmas que desde milhares de milênios eram ensinadas apenas no recesso dos templos iniciáticos, aos principiantes do caminho. Hoje, a humanidade cresceu e merece ter acesso amplo a esse primeiro nível do Conhecimento Eterno.

Mas, por estranho que pareça, não se afigura suficiente.

As cristalinas verdades iniciáticas disponibilizadas à humanidade por grandes correntes contemporâneas – como o espiritismo, a teosofia, a ioga e o budismo trazidos para o Ocidente, entre outras – não satisfazem a ânsia humana de quinquilharias ilusórias e brilhos fascinantes.

E, como versões atualizadas dos "vendilhões do templo", que comercializavam aves, cabritos e ovelhas nas dependências externas do Templo de Jerusalém, para prover às necessidades "religiosas" dos fieis iludidos quanto às intenções e expectativas da Divindade, proliferam hoje os "vendedores da espiritualidade" de todos os matizes.

Vende-se o "conhecimento espiritual" em cursos de rótulos variados e objetivos multifacetados. Vendem-se quinquilharias e adereços, instrumentos e símbolos, como se vendia indulgências na Idade Média ou os animais para o sacrifício nos templos do paganismo.

Vende-se desde o curso rápido de iniciação aos poderes mentais, às viagens astrais e ao acesso a vidas passadas, como se vende a energia cósmica aplicada na cura sob variados e modernos rótulos – quase como os ingênuos mascates de outrora vendiam os elixires cura-tudo em atraentes vidros de variadas cores e rótulos brilhantes.

Tudo é pretexto de ganho e proveito – desde a identificação das entidades angélicas supostamente dedicadas a bater ponto quotidianamente no atendimento aos seres humanos, até a quantificação dos destinos individuais através do cálculo numerológico que deve apontar ditas e desditas do consulente, e às "intervenções" esdrúxulas sobre os chacras, sem mencionar outros procedimentos.

As velhas ciências iniciáticas – o magnetismo, a numerologia, a radiestesia, a magia, a cura espiritual, a cromoterapia e outras – trazidas à luz da Nova Era pela misericórdia dos Mestres Espirituais, para esclarecimento e auxílio à humanidade – transformam-se facilmente em balcão onde se negocia a "espiritualização" e a cura mediante a troca por moedas.

Nem mesmo o intercâmbio com o Além e o concurso da Espiritualidade escapam a essa tendência nefasta da sombra pisciana. Há quem venda os favores do Além nas negociatas escusas da magia a varejo, executada em fundo de quintal ou em pseudotemplos que usurpam o nome de movimentos respeitáveis. E há quem se alie com os prepostos das Sombras em lamentáveis escambos, onde o mediunismo é vendido pela triste moeda da vantagem de hoje que resultará na obsessão do amanhã.

Os magos negros do Além sorriem, satisfeitos, ao verem as mais preciosas dádivas da Espiritualidade, transpostas para a humanidade no objetivo de acelerar o seu progresso, como métodos, técnicas e sistemas de cura, esclarecimento e expansão de consciência, serem dilapidadas e usurpadas para a comercialização insensata e gananciosa.

A ingenuidade de muitos alimenta a avidez de alguns, que ainda, numa atitude que só causa piedade aos espíritos superiores, estacionaram na ilusão pisciana, e não conseguiram libertar-se do engodo que a imersão no *maya* – a grande ilusão dos mundos materiais – proporciona. A ilusão de com tudo lucrar, de tudo trocar por moeda, desde a energia cósmica que o Pai nos dá de graça, até o intercâmbio com o Além e a sabedoria que os Mestres verdadeiros sempre doaram a mancheias, de graça e com imaculado amor pela humanidade sofredora.

Quando a humanidade descobrirá a felicidade de partilhar espontaneamente o conhecimento com o semelhante, em troca de nada que não seja o seu sorriso de alegria?

Quando deixarão os homens que a humanidade se acerque do altar do Deus Único – situado no recesso do próprio coração –, sem pagar pedágio aos coletores de impostos da espiritualidade?

Quando se deixará de vender, no átrio do Templo do Altíssimo que se ergue em nosso ser interno, toda a coleção de senhas, invocações, rituais, posturas, símbolos, técnicas, sistemas e modismos para supostamente abrir portas que desde sempre estiveram abertas pelos Mestres da Sabedoria, para toda a humanidade?

Todos os instrumentos diretos da Espiritualidade – sejam a mediunidade ou a apometria, a energia cósmica, a cura ou o ensinamento espiritual, não deveriam jamais ser objeto de lucro de quem quer que seja. O ensinamento deve ser dado de graça aos que o pedirem, como foi recebido desde sempre dos verdadeiros Instrutores da humanidade. Nunca se viu um verdadeiro mestre cobrando para dar curso do que quer que fosse. A cura e o socorro espiritual, dos quais os homens não são os autores, e sim apenas os comprometidos instrumentos – mal refeitos dos piores débitos do ontem – deveriam ser oferecidos sempre de mãos abertas, limpas e isentas da mácula do interesse.

A sobrevivência do trabalhador espiritual não deveria ser associada jamais à esfera da espiritualidade, trocando energias, ensinamentos e benefícios do Além por vantagens ou autopromoção de qualquer espécie.

A espiritualidade não é uma profissão, não é um ramo de comércio, não é um bem de consumo ou prestação de serviço profissional. É o caminho da felicidade, o encontro com o divino em nós.

Pode-se vender imagens de anjos, mas não a angelitude – como sempre se vendeu imagens de santos, mas não a santidade. Pode-se vender símbolos que lembram a sabedoria, mas não a sabedoria em si. Esta tem que ser conquistada, com árduo esforço de autossuperação.

Há dois mil anos o Mestre dos mestres enunciou claramente: "De graça recebestes, de graça dai". E há dois mil anos a humanidade inventa sofismas e acomodações de consciência para tangenciar esse preceito.

É tão ingênuo alguém crer que está se "espiritualizando" simplesmente porque se cercou de símbolos espirituais, mandalas, retratos de mestres e toda a parafernália dita "esotérica", como acreditar que verdadeiros mestres, guias e protetores darão cobertura espiritual a quem se utiliza de técnicas e recursos destinados à cura e ao socorro de caridade em proveito próprio ou para alimentar, direta ou indiretamente, o próprio ganho.

14
A EVOLUÇÃO É PARA TODOS

Espíritas!

É de vós, cultores da Lei da Evolução, que se espera o engajamento, como pioneiros, ao lado das vanguardas da consciência planetária.

A Lei da Evolução descortina aos que a compreendem o sublime encadeamento de todas as espécies de vida do orbe. "Do átomo até o arcanjo, que começou sendo átomo", tudo vos deve ser sagrado, porque a mesma centelha da vida universal que dormita no mineral, bruxuleia no vegetal e entreabre os olhos no animal, é aquela que vos incendeia a mente e conduz, em consciência maior, pelos caminhos infinitos do progresso.

Como então poderíeis supor que o Deus de infinita misericórdia sancionasse a crueldade e a destruição injustificada de seus filhos menores, enclausurados temporariamente em estojos físicos de principiantes, como as criancinhas do jardim da infância do grande educandário dos mundos de matéria?

Seríeis capazes de trucidar crianças pequeninas para atender a um prazer de matar, somente porque não podem defender-se? Pois o mesmo espanto e horror que essa ideia vos causa, é a que toma os espíritos superiores quando assistem à carnificina diária que se comete na superfície do planeta para com os irmãos menores do homem – os animais.

Olhai o fundo de seus olhos mansos, sem a arrogância

dos fortes e a indiferença dos egoístas, e vereis ali cintilando o reflexo de uma alma divina, filha do mesmo Criador que a vossa; lereis o apelo silencioso dessas vidas que tateiam nos labirintos da consciência como criancinhas aprendendo a andar, a vos dizer: "Deixa-me viver para aprender a ser um dia como tu, que já foste outrora como eu".

Não, espíritas, não devia caber a vós, jamais, o triste papel de verdugos dessas vidas inocentes. Que outros, desconhecendo ainda o laço divino que une todas as criaturas matriculadas pelo Supremo Ser na escola da vida, provindas de seu mesmo hálito criador, patrocinem indiferentes e de coração gélido a matança desses irmãos menores, para o nocivo consumo humano, tem pelo menos a triste lógica do egocentrismo: "Nada temos a ver com eles".

Mas o espírita, que conhece o panorama esplendoroso que lhe foi descortinado com a Lei Evolutiva, e sabe (ou deve saber) que todas as formas de vida representam classes onde se matriculam as almas insipientes na escalada da perfeição, atrás de que desculpa se poderia esconder para dizer: "Não te reconheço como irmão, mas tão somente como presa"?

Meus irmãos, a vossa consciência não pode mais dormitar nos velhos conceitos herdados da barbárie planetária, ou não podereis vos agasalhar no manto da lei do progresso, que cobra atitudes urgentes em vosso mundo, à beira da falência moral e material.

A escravidão, a tortura, a discriminação, a guerra, a lei do mais forte, o genocídio em nome da divindade, também já foram considerados – e ainda o são, tristemente, em alguns redutos do planeta – códigos legítimos de conduta. Hoje, entretanto, vossas consciências sensibilizadas repudiam com horror o que no ontem vos parecia perfeitamente aceitável (enquanto não era feito convosco, evidentemente).

Por que insistir então em continuar vos regendo pela velha lei do hábito, que aceita sem refletir os comportamentos impostos pelo egoísmo e a conveniência de alguns, sem avaliar atitudes à luz dos códigos superiores que já tendes a ventura de conhecer?

O espiritismo não foi legado pelo Alto à humanidade para

perpetuar a tirania dos hábitos atrasados e nocivos que grampeiam a criatura, indefinidamente, à roda triste das reencarnações que se arrastam entre a doença, o sofrimento e a miséria moral da humanidade.

O espírita, para fazer jus à elevada condição de seguidor dessa doutrina libertadora de consciências, precisa ser o vanguardeiro de todos os valores mais nobres do planeta. Deve ser o primeiro, e não o último, a adotar os princípios éticos e os códigos de conduta mais elevados.

É desairoso para vós que criaturas ateias e agnósticas, mas dotadas de nobres sentimentos (aliás, os únicos que significam passaportes válidos para a espiritualidade superior), demonstrem maior compaixão e sensibilidade para com as espécies animais do planeta, enquanto os cultores da Lei da Evolução sentem à mesa para se banquetear com os cadáveres sofridos daqueles que sabem constituírem os seus irmãos menores na escala evolutiva.

Que sentido têm os vossos apelos à misericórdia dos seres superiores, se os apelos silenciosos daqueles que rotulais de "inferiores" não encontram guarida em vossos corações, cerrados à compaixão e ao respeito? Acaso tendes a ingenuidade de supor que a Divindade Suprema descuida de gerir o mundo que criou, e que os gemidos de dor de seus filhos mais indefesos não comparecem ao tribunal da vida planetária, testemunhando contra a espécie humana e sua crueldade?

Inúteis serão os vossos apelos de paz, enquanto os cadáveres sangrentos de vossos irmãos menores quotidianamente atestarem que sois os mandantes da mais sanguinária das guerras, e a mais cruel, porque deflagrada contra indefesos sem o socorro da razão, por motivos fúteis, e tão somente em nome de um discutível prazer do paladar. Jamais desfrutareis da paz sonhada para o planeta, enquanto ele permanecer encharcado do sangue inocente daqueles que o Pai vos enviou para cuidar e proteger. Só uma divindade injusta e cruel aceitaria conceder a bênção a uns em troca do holocausto de outros. Ou será que ainda embalais a ilusão de que sois a única espécie merecedora do céu?

Espíritos lúcidos de todas as épocas já vos deram o exemplo de existências de sabedoria e equilíbrio, saúde e nobreza, distantes da ingestão de corpos animais.

Sábios médicos e nutricionistas conscientes já vos têm apontado o caminho da saúde e da libertação de um cortejo de males através da alimentação vegetariana, padroeira maior do equilíbrio e do bem-estar físico e psíquico do ser humano.

Generosos batalhadores da causa animal, vanguardistas de uma nova consciência planetária fundamentada no respeito e amor incondicional a todas as vidas, estão passando à frente dos espíritas, adotando um modo de viver condizente com os postulados da Lei Evolutiva – espinha dorsal da Doutrina Espírita.

E vós, meus irmãos? Que fazeis, sentados à mesa diante dos despojos sangrentos de vossos companheiros planetários, mortos cruelmente para obedecer a hábitos ancestrais repetidos sem avaliação? A quem pensais enganar nessa contemporização com um código ultrapassado de viver? À vossa consciência adormecida, aos espíritos dirigentes do planeta, ao Mestre a quem dizeis seguir, à Divindade que nos criou a todos iguais para a fraternidade, não para o exercício da lei da selva?

A ninguém mais deveis satisfação que à vossa consciência, em tudo que fizerdes; mas temei-a quando vos cobrar, sem apelação, a coerência que vos falta, entre os postulados de compaixão, renúncia e solidariedade de vossa doutrina, e o prazer mórbido que vos acorrenta a devorar vossos irmãos da escola terrestre.

O espírita deveria ser o primeiro, e não o último, a preservar a qualquer custo o equilíbrio planetário. Informai-vos bem para vos conscientizar de que a manutenção dos rebanhos para o consumo humano, além do espetáculo da crueldade e da indústria da doença que representam, são os patrocinadores da fome de milhões, da devastação e do desequilíbrio da natureza planetária. Ser um consumidor dos irmãos menores carreia ainda consigo a condição de depredador do planeta e conivente com a fome do mundo.

É um triste papel que não cabe, não deveria caber, aos seguidores da doutrina que veio para melhorar o mundo e auxiliar a redenção da humanidade, e não a sua infelicidade.

Alegar o hábito, o prazer e a fraqueza, são as justificativas que sempre nos oferecemos ante a dificuldade de mudar para melhor.

Elas não nos livram de sofrer as consequências do pior que cultivamos.

Tampouco nos credenciam para dar os passos decisivos à nossa ascensão interior.

O sangue derramado das espécies animais, em proporção sempre crescente, está transformando o planeta num gigantesco matadouro ambulante, que orbita no sistema fazendo ecoar os gritos de dor dos milhões de seres sacrificados diariamente à gula e à ganância humana.

Essa energia de terrível virulência, numa frequência vibratória abominável, veste de um manto sanguinolento o belo planeta azul que o Pai vos permitiu habitar. O seu diapasão mórbido contamina os planos invisíveis adjacentes à crosta, e fornece alimento vibratório não só para as almas tristes que vampirizam os encarnados invigilantes, como para a materialização de morbos psíquicos que eclodem na forma de vírus e bactérias estranhos, que se disseminam como enfermidades no plano físico. Eles deverão aumentar de virulência e intensidade em proporção a vossos abusos contra a vida. Não há criaturas privilegiadas dentro do Cosmo, e a toda ação segue-se uma reação. Mas vós, justamente os que isso pregais, agis como se a afronta à lei do amor universal fosse passar despercebida e sem consequências exclusivamente para vossa espécie.

Espíritas: o conhecimento acentua a responsabilidade. Vós, exatamente, sois os que não podeis alegar o desconhecimento da Lei Maior Evolutiva, e de suas implicações. Não podeis negar vossa irmandade com as espécies animais, claramente demonstrada desde as origens da doutrina.

Quando o comportamento contradiz a crença da criatura, um dos dois deve ser mudado, a bem da verdade.

Que o Supremo Criador de todas as vidas vos clareie a visão para vislumbrar os caminhos evolutivos que já percorrestes, vos proporcionando a coragem de identificar, no animal de hoje, o ser humano de amanhã, e no homem racional de hoje o irracional que inquestionavelmente foi, no ontem nem tão distante. E em consequência, vos ilumine para fazer a eles o que gostaríeis que vos tivessem feito quando éreis exatamente iguais.

14
MESTRE E DISCÍPULO

Quando, no plano espiritual, eu era um aprendiz (o mais humilde de todos) de um Instrutor de infinita sabedoria, fomos um dia ao plano terrestre. Esse grande Mestre sempre tinha amado muito os irmãos menores dos homens, os animais. E a seus aprendizes sempre ensinara que uma alma imortal crescia em cada um deles, e merecia não só o amor como a reverência de todos, como centelha divina adormecida.

Levou-nos nesse dia a presenciar a partida para o outro lado da vida de um animalzinho que vivia com uma velha senhora, de quem era o melhor amigo. Tinham sido companheiros durante muitos anos, e agora a chama da vida do animalzinho – um gato já velhinho – se extinguira suavemente, e finalmente, como uma vela, se apagara, como se os ventos do outono que chegava a tivessem soprado.

Havia uma dor infinita no coração da velha senhora. Todo o amor que sentia pelo seu pequeno amigo se liquefazia nos olhos dela e tombava em silêncio, enquanto acariciava o pequeno corpo adormecido para sempre.

No outro lado, um auxiliar invisível já tinha nos braços o corpo astral do animalzinho adormecido. Sabíamos que as consciências de animais já mais evoluídos, e em especial os domésticos, não retornam mais inconscientes ao grupo de espíritos da espécie, mas são conduzidas a um plano de descanso, onde seres carinhosos os guiam depois no retorno a novos corpos. Até que, no desdobrar-se dos horizontes imensos da evolução, o campo mental deles esteja tão sensibilizado que possa ser despertado, e eles entrem finalmente pela porta da humanidade – de alguma humanidade de um planeta físico.

Então, para ensinar-nos a lição que jamais se apagou, mais eloquente que mil discursos, o amoroso Instrutor nos tocou a fronte, aprofundando nossa capacidade de visão. E nos apontou o incipiente campo mental do pequeno ser, que bruxuleava como uma contraparte ovalada e transparente do pequeno corpo astral adormecido.

E no momento em que o auxiliar desligou agilmente o pequeno cordão prateado que unia a forma astral do animalzinho a seu desgastado corpo físico, deitado como um traje de pelúcia abandonado, vimos um relâmpago de cor viva, como um pequeno e fulgurante raio de sol, surgir de repente e alojar-se no campo mental do pequeno ser. Erguemos olhos interrogativos para o amigo, que sorriu docemente e explicou:

– É a essência mental adquirida durante essa existência dele... Os animais que são muito amados crescem em consciência junto de seus amigos humanos. Cada troca de afeto, cada esforço que o animal faz para "entender" os desejos de seu dono, para agradá-lo, por amor, estimula o seu campo mental embrionário. Esse impulso de compreender o que lhe transmite seu "mentor" humano, a quem venera, é um despertador do mental adormecido. Este pequeno ser foi muito amado, portanto muito amou, e na sua ânsia de compreender e agradar a amiga humana, ganhou muito...

E apontou o suave matiz amarelo bem pálido que fora se alojar no ainda transparente campo mental do animalzinho, que com isso se coloriu como uma bolha de sabão banhada por um reflexo de luz solar. Ficou um pouco mais nítido, mais definido, e soubemos que era uma aquisição para sempre. Subira um pequeno, mas eficiente degrau da porção inicial da extensa "escada de Jacó", cuja extremidade inferior mergulha na profundeza da matéria, enquanto a superior se acha entre os anjos.

Mas de repente algo acontecia. A forma espiritual do animalzinho começou a ser envolta por uma delicada luminosidade rosada, dentro da qual, em seguida, começaram a cair pequenas formas como estrelinhas prateadas, que mal conseguíamos perceber, tão sutis eram. Acompanhamos o olhar do mestre, e percebemos: a velha senhora orava pelo seu companheirinho, com todo o amor que lhe dedicava. E uma cena inesquecível se seguiu.

Como alimentada pela transfusão daquela energia divina, a forma astral fez-se mais nítida, absorveu a luz rosada, e o animalzinho "despertou" no plano invisível. E sem hesitar, deslizou dos braços do auxiliar, e foi acomodar-se, delicadamente, no colo da querida criatura que fora a sua amiga, companheira e, sem dúvida, a única divindade que a sua pequena consciência conhecera.

Ficaram ambos com as auras enlaçadas, numa troca indescritível de energias.

Porém o mais incrível foi um fenômeno íntimo, que só o poder mental de nosso amado instrutor poderia nos ter proporcionado, por instantes, perceber.

Um feixe de fagulhas douradas, cintilando como setas solares, se projetou do coração da senhora, compondo um fino fio de luz, como um raio de sol, que uniu o seu ao pequeno coração do bichinho, e no centro do peito dele brilhou e se expandiu por um instante, como minúscula estrela cadente que se acende e apaga, uma pequena irradiação de luz.

A comoção cintilava em nossos olhos e no silêncio de nossas frontes pendidas. A epopeia cósmica da evolução nos erguia uma ponta de seu véu.

Respondendo a nossas íntimas questões, a voz mental do instrutor chegou suavemente:

– Sim, esse fio dourado, o laço do amor que se cria entre os seres, quando vem do coração, não se destrói....

Flui do poder divino que possuímos no centro do ser, e forjá-lo é de nossa vontade suprema.

E como nova indagação se erguesse, como tímida onda mental de um dos aprendizes:

– Quem sabe – respondeu como um sopro de ternura a sua mente iluminada – quando se poderão reencontrar.... Num futuro breve ou longínquo.... em que formas, em que situação, sempre um mais velho e outro mais jovem, irmãos do caminho, sempre guardando a distância de um degrau... que o amor transpõe.

Tocou de leve a aura da velhinha, transmitindo-lhe o consolo de sua profunda compaixão.

E, com o sorriso de ternura divertida que lhe iluminava às vezes o olhar incomparável, acrescentou:

– Quem sabe, um dia, depois de infinitos horizontes, talvez como mestre e discípulo...

E nossa mente voou, como flecha ousada, pelo cosmo interno de inenarráveis cogitações.

DO ÁTOMO AO ARCANJO

Ramatís / Hercílio Maes

132 páginas – ISBN 978-65-5727-014-1

A mecânica evolutiva da Criação foi desvendada a Kardec – dois anos antes de Darwin! – pelos espíritos, com a genial declaração: "do átomo ao arcanjo, que começou sendo átomo". Mas... e entre o átomo e o arcanjo? Onde se encontram os degraus intermediários dessa escalada do zero ao infinito?

Com Ramatís, os degraus dessa simbólica "escada de Jacó" da imagem bíblica se povoaram, nos textos recebidos por vários médiuns e em diversas obras. Dos arcanjos (ou logos galácticos, solares e planetários) aos anjos e devas, dos espíritos da natureza aos animais – sem deixar de definir a posição de Jesus de Nazaré, anjo planetário da Terra, devidamente distinguida daquela do Cristo, nosso Logos.

Para que a humanidade possa ingressar de fato no patamar de consciência da Nova Era, esse conhecimento mais amplo da hierarquia e funcionamento do Cosmo se faz imprescindível, a fim de nos situar com maior amplitude no panorama do Universo e para o contato com nossos irmãos siderais, que se aproxima.

Este volume representa a condensação de conhecimentos iniciáticos milenares com que Ramatís abriu, para a mente ocidental, uma janela panorâmica sobre a estrutura e funcionamento do Cosmo, complementando a imorredoura revelação da Espiritualidade datada de um século e meio atrás.

A CONSTRUÇÃO DA CONSCIÊNCIA
foi confeccionado em impressão digital, em fevereiro de 2022
Conhecimento Editorial Ltda
(19) 3451-5440 — conhecimento@edconhecimento.com.br
Impresso em Luxcream 80g. – StoraEnso